SKRIFTER No 26

Senpaleolitikum i Skåne

-en studie av materiell kultur och ekonomi hos Sveriges första fångstfolk

av Magnus Andersson & Bo Knarrström

Riksantikvarieämbetet
Avdelningen för arkeologiska undersökningar

Riksantikvarieämbetet, UV Syd
Åkergränden 8, 226 60 Lund
Tfn 046-32 95 00
Fax 046-32 95 39
www.raa.se

Riksantikvarieämbetet
Arkeologiska undersökningar
Skrifter No 26

Omslagsbild: Per Blomberg
Layout och bildbearbetning: Staffan Hyll
Illustrationer: Bo Knarrström

ISSN: 1102-187 x
ISBN: 91 7209 154 1
ISRN: R-AU-S--26-LU--SE

Tryck: Wallin & Dalholm Boktryckeri AB, Lund 1999

Innehåll

Förord

Vi vill i förordet omnämna de personer och institutioner vars välvilja att ställa material och resurser till vårt förfogande, har varit en förutsättning för produktionen av denna bok. Främst tackar vi Irma Jönsson, Sven Persson och Danne Kärrefors som generöst visat privat insamlade material. Malmö Museer (Chatarina Ödman), Lunds Universitets Historiska Museum/Gastelyckan (Hampus Cinthio och Ylva Olsson), Arkeologiska institutionen Lunds Universitet (Lars Larsson) och Bjärnums Hembygdsförening har varit mycket tillmötesgående när vi eftersökt olika föremål- och boplatsmaterial. Vi är också mycket tacksamma för vår vän och kollega dr Per Karstens kvällsarbeten med korrekturläsningar av manusdelarna. I detta sammanhang vill vi även nämna dr Per Lagerås som expertgranskat avsnitten om paleomiljöns djur- och växtliv. Medel för redigering och tryckning av denna bok har ställts till förfogande av Riksantikvarieämbetet UV Syd. Regionledningen samt redaktionsansvarige Mats Mogren har från början helhjärtat backat det senpaleolitiska projektet. Kartmaterialet har sammanställts av Staffan Hyll som också redigerat denna bok. Vi vill också tacka konstnären Per Blomberg som framställt omslagbilden.

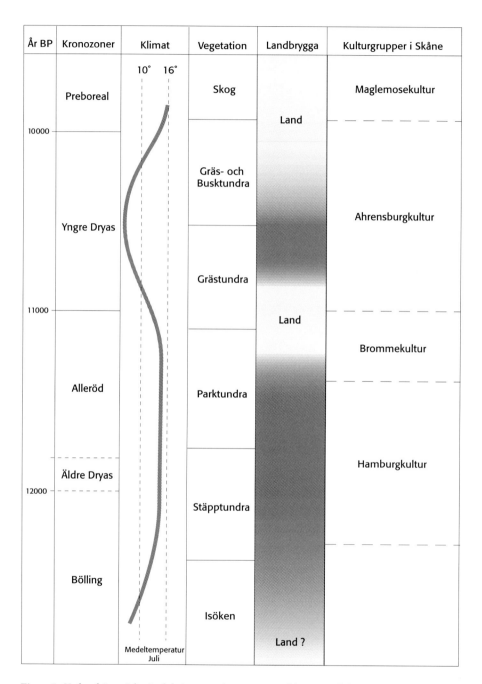

Figur 1. Kulturhistoriska indelningar och naturutveckling i Sydskandinavien

INLEDNING

Målsättning

Denna studie är ett resultat av författarnas stora intresse för den äldsta stenåldern i södra Sverige. Avsikten har varit att söka upp och dokumentera flintmaterial som kan härledas till senpaleolitikum. Ytterligare en målsättning med föreliggande arbete har varit att genomföra en studie över de klimatologiska och kulturella förhållandena i Sydskandinavien under senglacial tid. Perspektivet är nordvästeuropeiskt och avser följa den senpaleolitiska samhällsutvecklingen vid istidens slut.

Materialinsamlingen genomfördes under åren 1997 och 1998 då vi studerade privatsamlingar och fyndsamlingar på olika institutioner runt om i Skåne. Många av de i boken redovisade fynden är kända sedan tidigare, men här presenteras också material som inte tidigare publicerats. Vi vet, trots intensiva efterforskningar, att vi inte fått med alla fynd som eventuellt skulle kunna knytas till senpaleolitikum. Våra urvalskriterier har också gjort att en hel del av de föremål som vi tittat på valts bort på grund av osäker kontext och svårbedömd morfologi. Bland annat har flera pilspetsar med misstänkta neolitiska drag utgått. Några av artefakterna samt de föreslagna dateringar som presenteras i denna studie kan vara kontroversiella. Man bör dock ha klart för sig att de senpaleolitiska kulturernas representation i Sverige tillhör ett av de färskaste forskningsfälten. Ännu så länge skrapar vi på toppen av isberget och vad som idag tillhör, eller inte tillhör, denna period kommer säkert ändras både en och två gånger i framtiden.

Forskningshistorik

Det senpaleolitiska artefaktmaterialet i Nordvästeuropa indelas vanligen i fyra arkeologiska grupper eller kulturer – Hamburg-, Federmesser-, Bromme- och Ahrensburgkulturen. Traditionellt har dessa kulturer definierats utifrån speciella kännetecken på särskilda artefakter, vanligen pilspetsar (fig. 2). Då bevarat organiskt material nästan helt saknas, är den absoluta åldern på dessa kulturer inte helt klarlagd. Enstaka ^{14}C dateringar samt specialstudier av de litiska industrierna tyder dock på att de fyra kulturerna representerar en sammanhängande kronologisk sekvens (Fischer 1991; Holm 1996).

De senpaleolitiska kulturer som hittills är kända i Nordvästeuropa finns även representerade i Danmark. Under de senaste tjugo årens intensifierade forskning har ett flertal boplatser från glacial tid påträffats i Danmark. Fyndmaterialet är dock tämligen ensidigt och består vanligen enbart av bearbetad flinta och endast från ett fåtal boplatser föreligger organiskt material (Fischer 1993). I Skåne dominerar Brommekulturen medan ett mindre antal fynd kan antas ha kopplingar till Hamburg- och Ahrensburgkulturerna. Federmesserkulturen, delvis samtida med Brommekulturen, saknas ännu i materialet.

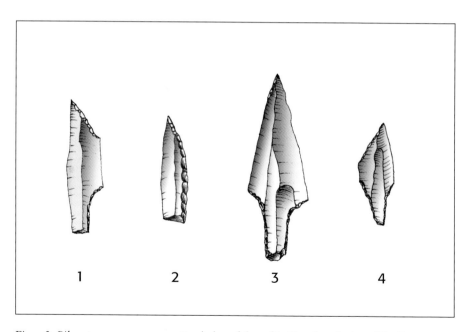

Figur 2. Pilspetsar som anses utgöra ledartefakter för Hamburgkultur (Nr 1), Federmesserkultur (Nr 2), Brommekultur (Nr 3) och Ahrensburgkultur (Nr 4). Skala 2/3.

Projektet "Senpaleolitisk bosättning i Sydsverige" initierades år 1988 av professor Lars Larsson. Målsättningen var att insamla alla tillgängliga data om senglaciala aktiviteter i södra Sverige. Tack vare kontakter med amatörarkeologer framkom flera nya skånska senpaleolitiska fyndlokaler. Fyndplatser med enstaka tångespetsar inventerades för att undersöka ifall artefakterna var att betrakta enbart som lösfynd eller om de kunde vara markörer för senpaleolitiska bosättningar. Dessutom granskades material från olika museisamlingar och sammantaget innebar dessa insatser att antalet senpaleolitiska fyndplatser i Skåne utökades avsevärt (Larsson 1990, 1991b, 1994, 1996).

Det ändå relativt knappa materialet medför problem vid studier av senpaleolitikum i Sydskandinavien. Boplatser från senglacial tid har troligen oftast utgjorts av små kortvariga läger och saknar därför de tydliga bebyggelsespår som vanligen förekommer under yngre perioder (Fischer 1993). I avsikt att få ut så mycket som möjligt av flintmaterialet har därför nya utgrävnings- och analysmetoder utarbetats. Olika former av experimentell arkeologi har försökt belysa boplatsorganisationen (Fischer *et al.* 1979). Studier av flintslagningsteknologi (Madsen 1992), samt analyser av bruksspår på flintartefakterna har använts att kompensera det delvis bristfälliga källmaterialet (Fischer *et al.* 1984). Ett mera svårlöst problem vid studier av det senpaleolitiska samhällets bosättningsmönster i Sydskandinavien, är att merparten av den dåtida kustlinjen idag ligger under vatten (Björck 1995).

Vi vet att den senglaciala perioden karaktäriserades av ett extremt instabilt klimat med påföljande förändringar i utbredning och tillgänglighet av de resurser som utnyttjades av de samtida samhällena (Kolstrup 1991; Liljegren & Lagerås 1993; Björck 1996; Liljegren & Ekström 1996). Trots att det finns en relativt god kunskap om klimatfluktuationerna under denna period har förhållandevis lite uppmärksamhet tillägnats den dåtida människans reaktion på miljöförändringarna under senglacial/postglacial tid (Gob 1991). Även om det är relevant att förstå klimatskiftena är det inte mindre viktigt att studera hur den omgivande miljön påverkade, eller var direkt orsak till olika mänskliga försörjningsstrategier och om dessa reflekteras i bosättningsmönster och samhällsorganisation.

METOD

Långt perspektiv

När vi studerar hela den senpaleolitiska perioden i Sydskandinavien innebär det att vi försöker överblicka en mycket lång tidsperiod. Genom att följa samhällsorganisationen under ett längre skede med stora klimatfluktuationer, tror vi dock att möjligheter ges till förståelse för samspelet mellan samhällsstrukturering och klimat. Det finns naturligtvis källkritiska moment i att studera långa tidsskeden genom att man lätt tar till generaliseringar och att individens roll i sammanhanget glöms bort. De oceaner av tid som förflutit sedan de första kolonisatörerna beträdde Skånes jord har givetvis också en vidare betydelse för våra tolkningar. Vi får nöja oss med att leta efter små flintor, vilka oftast är de enda bevarade vittnesbörden om senglaciala pionjärer. Kvar finns inte de träpilar, bågar, spjut, lansar, ljuster, spön, nät och snaror som troligen utgjort basutrustningen för människorna (jfr. Orme 1981). Trots detta föreligger idag ändå en viss kunskap om de grundläggande senglaciala och tidigpostglaciala förändringarna i miljön, kulturernas ungefärliga utbredning och de viktigaste ekonomiska aktiviteterna. För att gå vidare och diskutera kulturella förändringar under denna period, har vi specificerat större övergripande teoretiska forskningsfrågor och vissa problemområden, vilka fungerar som vägledning i detta arbete.

Ekologisk och/eller kulturhistorisk metodik

I en period med dramatiska klimatförändringar är det viktigt att diskutera på vilka sätt människan anpassade sig till de varierande miljöerna. I detta sammanhang handlar det naturligtvis mycket om vilka processer som ligger bakom kulturella förändringar och huruvida samhällets omstruktureringar är resultatet av inre eller yttre påverkan.

Studier av fångstsamhällen har tenderat att få en naturdeterministisk inriktning, bl.a. beroende på studieobjektens "låga teknologiska nivå" samt att "primitiva" människor exploaterar vilda resurser. Förhållandet har ansetts innebära att de i alla sammanhang är helt beroende av naturmiljön (Lamb 1968; Wagner 1977). I denna ekologiska metodik, med sina olika antropologiska tillämpningar, baseras studierna på vilka optimala möjligheter som föreligger för att erhålla olika resurser. Detta har betraktats som styrande för jaktstrategier och samhällets hela organisation (Jochim 1996).

Kritiken mot denna metod är att den ofta ignorerat det mångfacetterade historiska sammanhanget med dess villkor och begränsningar. När samhällen konfronteras med olika utmaningar, exempelvis drastiska klimatförändringar, agerar individen också utifrån sin specifika kulturhistoriska situation. Samhällsförändringar bygger således även på den tidigare sociala organisationen och kan därför ses som en samverkan mellan kulturhistoria och fysisk naturmiljö (Hodder 1984). En handling behöver därför inte betraktas som en passiv adaption, utan kan också ses som en aktiv kraft för att förändra en specifik situation (Trigger 1991).

Vi måste även notera att när studierna koncentreras på perioder med "klimatologiska kriser", som t.ex. de senglaciala markant fluktuerande förhållandena, kan de ge ett falskt intryck av att klimatet helt styrt den mänskliga verksamheten (Farmer et al. 1981). Därför måste man för de olika senpaleolitiska skedena, förutom att följa upp miljöförändringarna, även ta i beaktande den föregående socialekonomiska organisationen. Detta i syfte att få med sig den speciella historiska roll som strukturerar de förändringar en ny klimatsituation kan vara orsak till.

Samtidigt tror vi inte att dessa förlopp kan klarläggas utan att man tillgriper vissa generaliseringar om det mänskliga beteendet och de kulturella processerna. Då humanvetenskapens främsta mål bör vara en slags allmänmänsklig förståelse, utgör mer eller mindre universella drag i beteendet en viktig referens. Därför har vi också i denna studie inkorporerat etnografiska och socialantropologiska analogier som ett viktigt instrument för förståelsen av variationen i mänsklighetens uttrycksmedel och agerande.

Lokala och regionala mönster

En annan fråga att beakta vid en diskussion om kulturella förändringar är förhållandet mellan lokala och regionala samhällsmönster. Ett brett geografiskt perspektiv känns nödvändigt om man ska förstå den senpaleolitiska samhällsorganisationen. Vi har därför kompletterat undersökningarna av skånska fyndsamlingar med studier av samtida material som omfattar i stort sett hela Nordvästeuropa. En självklar anledning till att utvidga studien är att de senpaleolitiska samhällena, åtminstone periodvis, var extremt mobila. Om man då begränsar undersökningen till en alltför liten region finns det risk för att man missar de större sammanhangen inom vilka dessa mobila mönster upprätthölls (Jochim 1996). Enstaka boplatser får därför inte behandlas solitärt utan måste betraktas som delar av ett större system.

På detta sätt kan vi möjligen belysa kontakter mellan olika grupper och identifiera nätverk som reflekterar det mobila mönstret och utbyten av socioekonomisk karaktär. Det sociala nätverket kan också vara en springande punkt i förståelsen av kolonisationsprocesser och den rumsliga spridningen av innovationer.

Morfologisk och kronologisk problematik

Stora landvinningar har åstadkommits inom stenåldersforskningen genom ihärdiga morfologiska dokumentationer och korrelationer över betydande geografiska avstånd. Eftersom dessa insatser ofta rumsligt sammanfallit med områden där naturliga förekomster av god flinta varit riklig, har dock allt för lite hänsyn tagits till de faktiska omständigheter som rått för den förhistoriska tillgången på råmaterial. Dagens uppodlade skånska landskap, där flintnoduler genom diverse mekaniska processer ständigt förs upp till ytan, avspeglar inte på långa vägar det landskap som koloniserades i istidens slutskede. Med undantag från perioden Äldre Dryas och tidig Alleröd då det tunna vegetationstäcket möjligen medgivit viss exponering av flintförande kalk- och moränlager, har annars åtkomligheten av noduler varit begränsad.

Att försöka lokalisera flintblock i gräs- eller skogsbevuxen terräng är nästan omöjligt och insamlingen av bearbetningsbart material bör därför ha inriktats på lokaler där flintförande geologiska formationer varit lättåtkomliga. Attraktiva insamlingsplatser kan ha varit rasbranter intill vattendragen, havsstränder och markytor där vegetationen slitits ned av djur eller människor. Således måste ett kronologiskt ramverk i Skåne ta större hänsyn till en råmaterialsituation som kanske skiljer sig från den gängse bilden av omåttlig tillgång. Flera studier visar en återkommande och generell relation mellan råmaterialförekomst och variationer i materiell kultur i svensk stenålder (Broadbent 1979; Callahan 1987; Holm 1992; Sundberg 1995; Knarrström 1997). Därför är det inte självklart att exempelvis senpaleolitiska lämningar, speciellt i de flintfattiga delarna av södra Sverige, innehåller föremålskategorier som helt överensstämmer med de utvalda ledartefakterna i Danmark och Tyskland (jfr. Larsson 1996; Knarrström 1999). En större morfologisk variation, exempelvis i pilspetsinventariet, är snarare mer logisk än det motsatta förhållandet. Också studier av samtida fyndmaterial i sydvästra Tyskland visar på tydliga källkritiska problem när det gäller finkronologin, även inom kulturkretsarnas kärnområden (Eriksen 1991). En fråga som också infinner sig är vad som egentligen är typiskt för t.ex. ett Ahrensburgmaterial. Våra egna iakttagelser av nordtyska senpaleolitiska fyndsamlingar har lämnat ett bestående intryck av påtaglig variation i teknologi och morfologi. Vi ser därför en tydlig problematik med att strikt förhålla oss till vad som på kontinenten ansetts utgöra korrekta ledartefakter för diverse senpaleolitiska kulturer.

Koloniseringsprocessen

Ett annat problemområde som kan och bör diskuteras i detta sammanhang och som inte fått så mycket fokus, berör de processer som låg bakom koloniseringen av nya landområden. Vi vet ytterst lite om orsakerna bakom fångstbefolkningars expansioner till nytt, tidigare obebott land. Det finns för övrigt få etnografiska paralleller att tillgå (Jochim 1996). Bilden som tecknats av de senpaleolitiska pionjärer som kom till Skandinavien har varit ganska ensidig. Skälet till expansionen norrut skulle ha varit att jägarna följde efter renen, som i sin tur följde den tillbakadragande isranden. Representerar i så fall kolonisationen en storskalig förflyttning av det årliga resursområdet, eller en gradvis utvidgning av gruppens resursområde?

Det har hävdats att flyttningar till nya regioner har med jakt snarare än växtinsamlande att göra. Detta med anledning av att kunskap om djurens beteende i landskapet är mer överförbar till nya regioner, än kunskapen om växtligheten (Kelly & Todd 1988; Hiscock 1994). Eller finns det helt andra skäl till att nya områden togs i besittning? Det kanske handlade om människor som blev bortträngda från sina gamla marker, eller om grupper som drog norrut av äventyrsskäl, prestige eller ren nyfikenhet. De senpaleolitiska befolkningsgruppernas handlande kan således inte bara betraktas utifrån förhållanden i naturmiljön. Även allmänmänskliga beteenden och de sociala faktorerna inom samhällsstrukturen måste beaktas.

SENGLACIALT KLIMAT OCH FAUNAHISTORIA

Naturmiljön kan betecknas som deterministisk i det avseendet att den sätter upp ramarna för vilka resurser som är tillgängliga samt hur dessa resurser, inom ett brett spektra, kan erhållas. Därför är det nödvändigt att föreliggande studie också omfattar de klimatologiska och ekologiska förhållanden som rådde under den senglaciala perioden. Detta utgör grunden för att kunna förklara de olika kulturyttringarna i förhållande till specifika klimatsituationer och naturmiljöer.

Den europeiska senglaciala miljön karaktäriserades av allmänt stigande men fluktuerande temperaturer och det finns flera faktorer som kan ha förorsakat de snabba kasten i klimatutvecklingen. Omändrade havsströmmar, variationer i solenergin, geomagnetiska förändringar och vulkaniska aktiviteter är några av de viktigaste exemplen på naturfenomen som kan bidra till klimatologisk turbulens (Bell & Walker 1992). Öresundsregionen kan ha drabbats särskilt hårt av klimatförändringarna under isavsmältningsskedet. De senaste rönen angående havsnivå, landhöjningar, smältvatten och erosion är av största intresse då dessa faktorer måste ha inverkat på det senpaleolitiska bosättningsmönstret i södra Sverige. Tidigare har man menat att en landbrygga existerat vid Öresund under hela senpaleolitikum, men senare forskning har givit en mer komplex bild av strandlinjeförskjutningarna (Björck & Digerfeldt 1991; Björk et al. 1994; Björck 1995).

En tvär temperaturhöjning omkring 14 000 BP, innebar en snabb avsmältning av det skandinaviska istäcket. Därav skapades ett nytt isfritt område i Sydskandinavien där olika vattendrag bildades av den tillbakadragande landisens smältvatten. Detta beredde möjligheter för en nordlig immigration av djur och växter från mellersta Europa (Birks 1986). Mammuten fanns i denna miljö och ett fynd av en bete från Lockarp i sydvästra Skåne har daterats till 13 360±95 och 13 000±120 BP (Berglund et al. 1976). Strandlinjen i Öresund före 12 000 BP är oklar men dessa djur har sannolikt immigrerat via den första landbryggan som bör ha existerat någon gång före ca 13 300 BP. Att stora landdjur vistats här redan då, visar att en arktisk tundravegetation måste varit utbredd i regionen. Denna period med mer eller mindre torrt land i Öresund upphörde förmodligen ganska plötsligt till följd av en kraftig transgression. Detta ledde till att Baltiska issjön fick förbindelse med Kattegatt via Öresund och denna miljö bestod fram till ca 12 700–12 600 BP (Björck 1996).

Bölling

Den första signifikanta senglaciala värmeperioden brukar benämnas Bölling. Denna kännetecknas av en snabb isavsmältning fram till ca 12 000 BP, vilken accelererade omkring ca 12 400 BP då en distinkt temperaturhöjning märks (Björck & Möller 1987). Medeltemperaturen i juli beräknas ha legat på omkring 15° C (Lemdahl 1988).

Den första växtligheten i Nordvästeuropa har ingen övertygande modern analogi. Floran var förmodligen resultatet av en unik utveckling och en kombination av faktorer som ej förekommer idag. Det var framför allt gräs- och örtväxter som dominerade floran med arter som t.ex. fjällsyra, fjällsippa, bergsyra, krypnarv och groblad. Efterhand spreds även enbuskar och dvärgbjörk på den nordvästeuropeiska stäpptundran (Birks 1986). Sydskandinaviska djurarter som förknippas med Bölling är bl.a. ren, varg och isbjörn (Liljegren & Lagerås 1993; Liljegren & Ekström 1996).

Äldre Dryas

En viss reduktion av björkbeståndet samt en expansion av örter inträffade lokalt i södra Skandinavien, Nederländerna och Nordtyskland omkring 12 200–11 800 BP under perioden som brukar betecknas Äldre Dryas. Förändringarna kan eventuellt vara resultatet av en temporär temperatursänkning (Birks 1986), men på senare år har pollen från relativt värmeberoende växter påträffats på samma nivå som björkpollen från Äldre Dryas. Dessutom indikerar analyser av insektsfaunan att temperaturen steg genom Bölling och Äldre Dryas (Lemdahl 1988). Tillbakagången av björk behöver därför nödvändigtvis inte förklaras som resul-

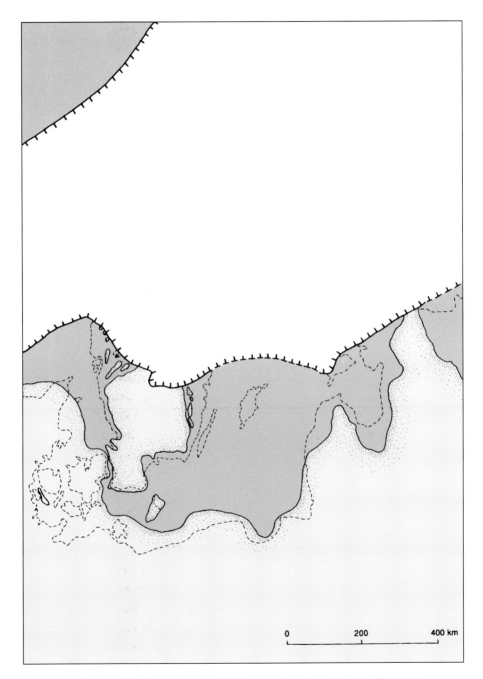

Figur 3. Relationen land/vatten > 12 000 BP (omarbetning efter Björck 1995).

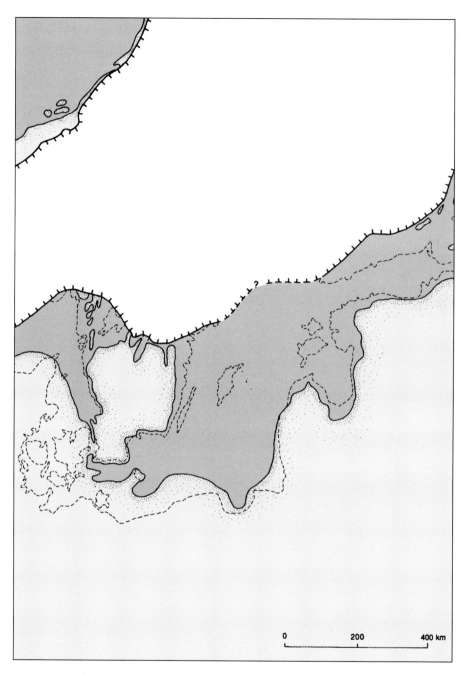

Figur 4. Relationen land/vatten 11 200–10 900 BP (omarbetning efter Björck 1995).

tatet av en temperatursänkning. En alternativ förklaring till denna utveckling kan vara att perioden hade ett relativt torrt och kontinentalt klimat med större skillnader mellan sommar- och vintertemperaturen än under både Bölling och Alleröd. En förändring i nederbörden tycks ha förekommit på flera håll i Nordvästeuropa mellan Bölling och Alleröd. Denna förändring var dock så liten att man skulle kunna slå samman perioden Bölling/Äldre Dryas/Alleröd till en enda senglacial klimatperiod (Kolstrup 1991).

Hamburgkulturen representerar den första befolkningsgrupp som invandrade till Nordeuropa och Sydskandinavien efter den senaste istiden under Bölling och Äldre Dryas. Kulturellt menar man att den hade sina rötter i den franska och centraleuropeiska Magdalenienkulturen (Burdukiewicz 1986).

Alleröd

Under perioden mellan 11 800–11 000 BP inföll Alleröd med ett gynnsamt varmt klimat. En björkskog med inslag av asp, rönn och hägg spreds över stora delar av Nordvästeuropa. Flera örter blev sällsynta eller dog ut lokalt på grund av konkurrensen från större långlivade trädarter. Omkring 11 500 BP nådde även tallen nordvästra Europa (Nilsson 1983). Förekomsten av värmeberoende skalbaggar och vattenväxter vilka sprids snabbt, tyder dock på att klimatet var ännu varmare än vad som framgår av landvegetationen. Trädarter sprids inte med samma hastighet som smådjur och mindre växter och därför var skogsfloran inte i balans med klimatet (Birks 1986).

Omkring 11 200 BP existerade en landbrygga mellan Danmark och Sverige (fig 4). Ett utlopp öppnades vid Billingen i Västergötland vilket innebar att Baltiska issjöns nivå sjönk och Öresund torkade ut (Björck 1996).

Delar av faunan i Sydsverige var under denna period beroende av tillgången till en landbrygga och fynden av ren i Skåne sammanfaller i tid med förekomsten av en torrlagd markförbindelse. Andra konstaterade djurarter i Sydskandinavien under Alleröd är rådjur, visent, brunbjörn, varg, bäver, skogshare, mullvad, järv, och svan (Aaris-Sørensen 1988;

Liljegren & Lagerås 1993; Liljegren & Ekström 1996). Även de nu utdöda arterna vildhäst och jättehjort har påträffats i Skåne (Liljegren & Ekström 1996).

Även om temperaturstegringen kan tyckas jämn så fluktuerade klimatet periodvis ganska kraftigt även inom Bölling och Alleröd. Denna trend av generellt allt högre medeltemperaturer bröts dock mot slutet av Alleröd då en kallare period successivt gjorde sig bemärkt (Sherratt 1997).

De kulturer som associeras med Allerödperioden är Bromme- och Federmesserkulturerna. Brommekulturen tillhör den senglaciala befolkningsgrupp som är rikligast representerad i, och kanske helt avgränsbar till, Sydskandinavien (Fischer 1991, 1993; Larsson 1991a, 1994, 1996).

Yngre Dryas

Under Yngre Dryas, ca 11 000–10 000 BP, skedde en omfattande tillbakagång av vegetationen. Det var resultatet av den mest omvälvande klimatförändringen i senglacial tid, troligen främst associerad med förändringar av havsströmmarna (Birks 1986). Temperaturen sjönk med omkring 5-7 grader i Nordatlanten och i de anslutande kontinentala gränsområdena. Avsmältningen av det skandinaviska istäcket avstannade och skogen ersattes av ett öppnare landskap med dvärgbuskhedar eller öppna gräshedar. Vissa djur kan ha tvingats söka sig söderut och i perioden 10 900–10 500 BP finns en märkbar svacka i det faunahistoriska materialet då bl.a. renen försvinner (Watts 1979; Liljegren 1999, muntlig uppgift).

När temperaturen sjönk dämde isen upp Baltiska issjön vid Billingen omkring 10 900 BP. Med anledning av detta bildades ett nytt utlopp vid Öresund (fig. 5) (Björck 1995).

Omkring 10 300 BP inträffade, på bara ett par decennier under Yngre Dryas, åter en mycket snabb temperaturhöjning. Isen i Mellansverige drog sig tillbaks ännu en gång och detta ledde till ett våldsamt, katastrofartat utsläpp vid Billingen. Öresund torkade ånyo upp och med klimatväxlingen följde en snabb vegetationstillväxt. Temperaturen höjdes med 6–8 grader till en nivå som i stort motsvarar dagens förhållanden. Det var dock en stor obalans mellan temperatur och vegetation och först under övergången till Preboreal tid, ca 10 000 BP, började en björkdominerad skog

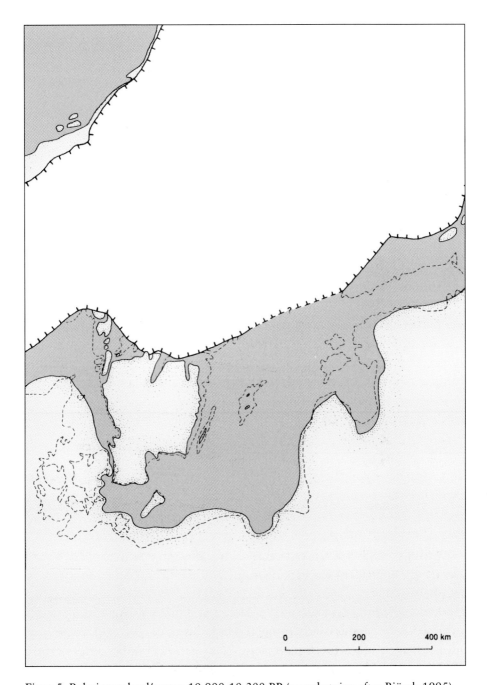

Figur 5. Relationen land/vatten 10 900-10 300 BP (omarbetning efter Björck 1995).

på nytt att breda ut sig (Birks 1986). Den övriga lövskogen började så
smått växa till efter 10 000 BP, men det skulle ta lång tid innan den var
fullt etablerad.

Yoldiahavet nådde sin lägsta nivå, och den ytmässigt största land-
bryggan mellan Danmark och Skåne etablerades (fig. 6). Slutet av Yngre
Dryas och övergången till Preboreal tid kan beskrivas som en period av
extrema och oerhört snabba förändringar i södra Skandinavien. Inom en
enda mänsklig generation hade naturmiljön förändrats totalt med ett
klimatskifte från arktiska till tempererade villkor. Stora områden som varit
täckta av vatten blev på några få år torrlagda med stora paleogeografiska
förändringar som följd. En vattenbarriär hade således ersatts med attrak-
tivt land. Den arktiska floran utkonkurrerades av tätare vegetation och
denna förändring medgav en etablering av betydligt fler djurarter. Även
om klimatet förbättrades så stabiliserades inte förhållandena direkt för
floran och faunan. Inte heller kustlinjen var stabil utan havsnivån
fluktuerade under stora delar av perioden (Björck 1996).

Det var denna mosaik av olika miljöer som togs i anspråk av den mest
utbredda av de senpaleolitiska kulturerna i Skandinavien. Ahrensburg-
kulturens boplatser återfinns både i extrema inlandsmiljöer och längs den
dåtida Atlantkusten.

Fauna

Under loppet av senglacial tid försvann många av de stora senpleistocena
däggdjuren som mammut, ullhårig noshörning, stäppvisent och jättehjort
(Burdukiewicz 1986). Djur som kronhjort och älg gynnades dock av sko-
gens utbredning och renen fanns kvar under hela perioden, även om be-
ståndet bör ha påverkats av miljöförändringarna. Andra djurarter som
fanns under perioden var t.ex. varg, lodjur, sork, bäver, räv, brunbjörn,
järv, hare och häst (Birks 1986). I senglacial tid kan tre avgörande fauna-
historiska skeden urskiljas i sydligaste Skandinavien. Det första skedet
inträdde strax efter isavsmältningen då bl.a. ren, varg, järv och snöhare
invandrade i ett parktundralandskap. Efter en kort period av klimatför-
sämring utvecklades sent i Alleröd en parktundra som togs i anspråk av
älg, jättehjort, bäver, diverse smågnagare samt björn. Det tredje skedet

Figur 6. Relationen land/vatten <10 300 BP (omarbetning efter Björck 1995).

omfattade en etablering av stora hovdjur som visent och uroxe. I denna övergångsfas mellan den sen- och postglaciala tiden försvann jättehjorten, renen och diverse tundralevande fåglar och gnagare (Aaris-Sørensen 1988). Fåglar som exempelvis ripa, men kanske framför allt olika fiskarter bör ha utgjort en stabil resurs i Skånes äldre fauna. Sötvattensfiskar som t.ex. gädda, är mindre känsliga än däggdjursarterna och dessa populationer har knappast påverkats av klimatförändringarna. I figur 7–9 visas de karaktärsdjur som antas ha existerat i södra Sverige under senglacial tid. En del av arterna finns endast representerade som enstaka fynd, och från exempelvis myskoxen föreligger inga skånska fynd. En viktig nyupptäckt lokal är Hässleberga strax väster om Genarp. Vid grävning av kräftdammar i gamla mossområden, hittades en mängd ben i schaktmassorna. En osteologisk genomgång har påvisat förekomst av bl.a. ren, vildhäst och älg. Flera av benen bär spår efter slaktverktyg och märgspaltning. Fynden är unika då de representerar det första större svenska skelettmaterial från senglacial tid som också kan kopplas samman med mänskliga aktiviteter (Magnell 1998, opubl. manus).

Vi har valt att nedan sätta samman en skånsk fauna som kan korreleras med de nygjorda fynden, samt med närbelägna områden på den europeiska kontinenten. Kronozonerna bör bara ses som markerande för när de tidigaste förekomsterna för varje djurart är sannolika. Gränserna mellan de respektive zonerna är mycket flytande och vi vet att exempelvis ren, varg och björn fanns kvar också i postglacial tid.

Tidigare har det antagits att havet utanför Danmarks och Sveriges kuster under senglacial tid var tämligen ogästvänligt för både växter och djur (Iversen 1973). Ishavet var dock präglat av närheten till den avsmältande inlandsisen och vattnet var näringsrikt beroende på den omfattande tillförseln av mineralnäringsämnen (Liljegren & Lagerås 1993). Exempelvis har den bohuslänska arkipelagen periodvis utgjort en extremt fördelaktig biotop för mollusker och plankton. Dessa mindre djur drog till

Figur 7 (t.h.). Introduktion eller förekomst av djurarter under Bölling/Äldre Dryas. 1 Mammut (Mammuthus primigenius). 2 Ren (Rangifer tarandus). 3 Varg (Canis lupus). 4 Järv (Gulo gulo). 5 Isbjörn (Ursus maritimus). 6 Myskoxe (Ovibus moschatus). 7 Fjällräv (Alopex lagopus). 8 Säl (Phocidae). 9 Fågel (Köldtåliga arter). 10 Fisk (Limniska arter).

Figur 8. Introduktion eller förekomst av djurarter under Alleröd. 1 Älg (Alces alces).
2 Björn (Ursus arctos). 3 Vildhäst (Equus ferus). 4 Jättehjort (Megalocerus giganteus).
5 Bäver (Castor fiber). 6 Lodjur (Lynx lynx).

Figur 9. Introduktion eller förekomst av djurarter under Yngre Dryas. 1 Kronhjort (Cervus elaphus). 2 Visent (Bison bonasus). 3 Uroxe (Bos primigenius). 4 Rådjur (Capreolus capreolus). 5 Skogsräv (Vulpes vulpes).

sig stora mängder predatorer såsom fisk och marinlevande däggdjur (Fredén 1988; Kindgren 1995). En viktig parameter är att marinlevande däggdjur, till skillnad från exempelvis renen, utgör en stabil resurs. Där-för är det möjligt att jakt på t.ex. val och säl kan utgjort huvudnäringen under hela, eller åtminstone delar av året (Kindgren 1996).

SENPALEOLITISK SOCIAL OCH EKONOMISK ORGANISATION

En studie över förhistoriska kulturförändringar fordrar ett holistiskt synsätt. Lika uppenbart är att denna helhetssyn inte kan uppnås utan fullgod dokumentation av de enskilda variablerna, där klimat och miljö endast utgör en del. I en modell över den socioekonomiska utvecklingen kan samhällsorganisationen beskrivas som bestående av en obestämd mängd element, vars inbördes samverkan leder till förändring. Det gäller naturligtvis att beakta så många element som möjligt. Därför kan en metod vara att bryta ner den mänskliga samhällsstrukturen i s.k. kulturelement. På detta sätt kan vi med hjälp av arkeologiskt och etnografiskt material försöka att identifiera vilka kulturelement som tenderar att variera, och vilka som är konstanta vid varje kulturhistorisk situation. I föreliggande arbete kommer en rad specifika element diskuteras i relation till den socioekonomiska utvecklingen. Variablerna utgörs av ekologiska förhållanden, materiell kultur, idévärld, social organisation, kontaktnät samt försörjnings- och bosättningsstrategier.

Dessa variabler hänger naturligtvis samman och påverkar varandra på olika sätt. När strukturerna i ett fångstsamhälle bryts ner och särskilda element isoleras för studier, måste det klarläggas om och hur elementen är beroende av varandra. Finns möjligheten att t.ex. påvisa om förändringar i naturmiljön också medförde omorganisation av samhällets olika delar?

Etnografiska parametrar

Även om den viktigaste källan till att förstå samhällsorganisationen måste vara den materiella kulturen i form av t.ex. boplatslämningar, är detta inte alltid tillräckligt. Korrelationer mellan materiell kultur och mänskligt beteende antyder vad som en gång hänt men det är svårt att ge en förklaring till orssakssammanhangen. Förklaringar till människans reaktioner på utmaningar från miljön, på tryck från grannfolk och på spänningar inom samhället måste delvis baseras på vad vi vet om mänsklig logik och mänskligt beslutsfattande. Analogier med etnografiska data är en väg att belysa samhällets flexibilitet och adaptivitet (Dodgshon 1987).

Det gäller dock att ha en genomtänkt utgångspunkt vid valet av jämförelseobjekt. Detaljerade korrelationer måste främst baseras på samhällen som har likartade teknologiska nivåer, jämförbara ekonomier och är verksamma i samma typ av miljö. Även om man inte kan göra direkta jämförelser och överföringar mellan olika studieobjekt, kan etnografiska paralleller öppna nya vägar att hantera olika frågeställningar och hjälpa till med tolkningar av arkeologiskt material.

För att få ett perspektiv på det sydsvenska senpaleolitiska materialet ska vi därför studera olika delar inom samhällsorganisationen bland framför allt arktiska eskimåer och subarktiska indianer i Nordamerika. Det är förmodligen dessa grupper, bland historiska fångstfolk, som ifråga om klimat och ekonomi kommer närmast förhållandena under senglacial tid i Sydskandinavien.

Ekonomi

Försörjnings- och bosättningsstrategier har ingen unilinjär utveckling bland arktiska eskimåer och subarktiska indianer i Nordamerika. De varierande strategierna brukar istället knytas till skilda ekologiska förhållanden och/eller tillgången till vissa bestämda resurser. Binford har i sina studier generellt urskiljt två olika system bland fångstsamhällen vilka kan prövas på de paleolitiska förhållandena (Binford 1978, 1980, 1982).

Det första systemet benämns *foraging*. Denna strategi innebär att man utifrån ett basläger gör dagliga "utflykter" då man samlar eller jagar. Strategin brukar anses lämplig för små jakt- och samlargrupper i skogsmiljöer där spridningen av resurserna är jämn. Flera olika nischer utnyttjas där exempelvis insamlingen av vegetabilisk föda utgör en stor del av basnäringen.

Strategin genererar vanligen två typer av läger; basläger och temporärt utlokaliserade platser som används vid de dagliga jakt- och insamlingsturerna. Exploateringsområdet är ganska litet, inte större än att alla de efterfrågade resurserna kan nås under en dagspromenad. Denna ekonomi innebär däremot att baslägret ofta får flyttas.

Den andra bosättnings- och försörjningsstrategin kan ges benämningen *collecting*. Detta är en strategi då större grupper samlas för kollektiv jakt av större djurhjordar som exempelvis migrerande ren.

En försörjningsstrategi av denna typ inbegriper ett tämligen komplicerat bosättningssystem. Baslägret utgör medelpunkten där bostäder etableras och där föremålstillverkningen sker. Omkring baslägret upprättas ett nätverk av speciallägrer för jakt- och insamlingsgrupper. Speciallägrren är av mera tillfällig karaktär och innefattar övernattningsplatser, utsiktspunkter samt slakt- och lagringsplatser. Exploateringsområdet är stort men baslägersförflyttningar kan i gengäld begränsas till några få gånger per år. Jakt som fokuserar på stora migrerande hjordar genererar ofta ett rikligt överskott som kan lagras. Denna strategi är fördelaktig under förhållanden med ojämn spridning av de viktigaste resurserna, t.ex. i en arktisk miljö. Förflyttning till en födoresurs reducerar dock ofta tillgängligheten till en annan. De andra resurserna kan visserligen inhämtas av specialiserade arbetslag, men den ojämna tillgången blir mera markant när de klimatologiska variationerna under ett år är stora. När näringstillgången minskar under vinterhalvåret, kan detta motverkas genom att man då lever av lagrad föda (Binford 1978, 1980, 1982). Exakt denna typ av födoekonomi tillskrivs också de specialiserade senpaleolitiska renjägarna i Magdalenienkultur (Enloe 1997).

Denna strikta indelning i skilda försörjnings- och bosättningsstrategier har naturligtvis sina källkritiska begränsningar. Det är inte så enkelt att man kan dela in alla fångstsamhällen i den ena eller andra kategorin. I en del miljöer kan vi förväntas se grupper använda en *foraging*-strategi under sommarhalvåret, medan *collecting*-strategin utnyttjas under vinterhalvåret (Binford 1980).

Det finns få nutida fångstsamhällen som på helårsbasis enbart varit beroende av en enskild resurs (Grønnow 1987). Bland Nordamerikas arktiska eskimåer var det speciellt under renarnas säsongsvisa migrationer under höst och vår som denna djurart blev föremål för kollektiv jakt. Andra delar av året, framför allt under sommaren, splittrades man upp i mindre grupper som ägnade sig åt fiske, eller jakt på fåglar och ensamströvande renar på tundran. På andra håll ägnade åter stora grupper sig åt säl- eller valjakt på vintern och våren. Även subarktiska indianer som levde i barrskogsmiljöer följde ett nomadiskt mönster. De brukade ofta tillbringa somrarna i stora fiskeläger medan de under resten av året var uppdelade i mindre grupper, där de bedrev smygjakt på skogslevande arter, t.ex. älg eller mindre pälsdjur och sjöfågel. Indiangrupperna som utnyttjade dessa icke migrerande arter behövde ej röra sig över speciellt stora områden då det omgivande skogslandskapet var resursrikare än landet längre norrut (Riches 1982).

Denna uppdelning av olika bosättnings- och försörjningsstrategier utgår strikt från ekologiska principer i diskussionen kring bosättningssystem. Det kan även finnas sociala, ideologiska och religiösa skäl till att upprätta läger och därför bör även dessa faktorer beaktas vid en studie av jägar-samlarsamhällen.

Social organisation

Den mänskliga kulturen väljer och konstituerar de kanaler genom vilka den agerar i naturen (Wobst 1990). Om naturen sätter upp ramarna är det de sociala förhållandena som konstruerar organisationen kring hur naturmiljön ska exploateras. På så sätt bildas ekonomiska mönster som reglerar hur mycket överskott som behöver produceras och hur resurserna ska fördelas (Bender 1978). Att ringa in strukturen på den sociala organisationen är således en nyckel till förståelsen av den ekonomiska strategin.

Analytiskt kan tre nivåer av sociala grupperingar inom eskimå- och indiansamhällena urskiljas (Riches 1982):

-familjen, grundstenen i den sociala organisationen som utgörs av kärnfamiljen kring vilken övriga grupperingar är uppbyggda.
-den lokala gruppen, en s.k. multifamilj vilken vanligen består av två eller flera kärnfamiljer. Denna grupp fungerar som den fundamentala produktiva enheten. Den lokala gruppens sammansättning återspeglar betydelsen av släktskapsförbindelser i samhället. De flesta läger re-

presenterar en kedja av släktskapsförhållande till föräldrar, syskon och kusiner.

-den regionala gruppen. Denna större enhet utgör de lokala gruppernas sociala och ekonomiska kontaktnät.

Ett flertal studier har visat att den fundamentala produktionsenheten - familjen och multifamiljen, inte kan leva självständigt utan av flera skäl är beroende av den regionala gruppen – kontaktnätet (Keesing 1975). Då fångstfolk lever av vilda resurser som fluktuerar från år till år och varierar i landskapet krävs hög flexibilitet. För att alltid ha tillgång till olika resurser måste grupperna vara extremt mobila och ha ömsesidiga sociala relationer och samarbete i olika befolkningskonstellationer (Balikci 1964; Spencer 1969).

Dessa sociala relationer är självklart också nödvändiga för samhällets fortbestånd då det finns ett behov att upprätthålla giftermålskontakter, handelsutbyte och gemensamma religiösa ceremonier (Turnbull 1968).

Idévärld

För att förstå jägar-samlarnas rörelsemönster i landskapet bör man inte bara beakta de ekonomiska och ekologiska förhållandena, d.v.s. tillgången av tid och resurser, utan även idévärlden i form av normer, myter och ideologier.

Frågan är ju vad idévärlden egentligen har haft för betydelse i hur landskapet organiserades och om det är något som involverats i beslut som berörde de ekonomiska aktiviteterna. Vi tror att idévärlden kan betraktas som en möjlig typ av reglering av de socialekonomiska verksamheterna. Normer, myter och kosmologi måste betraktas som begrepp vilka kan åkallas för att justera de handlingar som ska utföras. På så sätt kan ett regelverk skapas för individens och gruppens handlande (jfr. Milton 1977; Reader 1988). Hur jägare och samlare agerar i landskapet beror således i hög grad på hur de strukturerar eller klassificerar omvärlden. Inom de historiskt dokumenterade fångstsamhällena delade man vanligtvis inte in livet i sociala, ekonomiska, politiska eller religiösa kategorier. Bland många av de studerade grupperna konstruerades världen istället i ett dualistiskt klassifikationsschema. Både den sociala och ekologiska delen av världen tog sig uttryck i att allt organiserades i två distinkta, men av varandra beroende motsatser - exempelvis vi/dem, upp/ner och kvinna/man (Dodgshon 1987). Eftersom både den sociala och ekologiska världen var klassificerad på detta sätt etablerades således en länk som gjorde världen mer enhetlig (Lévi-Strauss 1969). När vi idag studerar senpaleolitiska handelsutbyten, lägerplatser och föremål tolkar vi in sociala, ekonomiska, politiska och religiösa betydelser. För jägar-samlarna hade denna indelning varit obegriplig då de olika delarna var oskiljbara och utan gränser.

Ett sätt att förstå regionala och lokala mönster kan vara att studera fångstsamhällenas territoriella ideologi och gruppindelning i relation till rörelserna i landskapet. En nedärvd ideologi eller kunskapstradition är av stor betydelse för den nomadiska livsstilen, jaktaktiviteterna och gruppernas sammansättning. I eskimåsamhällen finns få egentliga regler som rör gruppuppbyggnaden och gruppstrukturen. I den mån regler förekommer anger de vad som är lämpligt, snarare än utgör lagar för socialt beteende. Detta berör t.ex. frågor om ledarskap och territorieuppdelning. Det finns inga bestämmelser som kräver att man ska bli kvar inom sitt område och inte kan eller får flytta. Grupperna är normalt associerade till ett territorium inom vilket de genomför sina årliga förflyttningar. Gruppmedlemmar har inte äganderätt över mark eller de vilda resurserna inom sitt territorium. Det är dock ingenting som hindrar en medlem att korsa gränserna och uppgå i andra band. Det tycks som om det är personligt ekonomiska och sociala fördelar som styr om man byter grupp och inte sociala sanktioner ur strukturella regler (Riches 1982). Vad som kan hindra en individs flyttning mellan grupper är snarare osäkerhet rörande lokalspecifika kunskaper, den egna identiteten och kännedom om andra. En förflyttning innebär således stor villrådighet kring vilka sociala och ekonomiska uppgifter som ska utföras (Anthony 1990).

I äldre etnografiska studier av eskimåer och indiansamhällen i Nordamerika beskrevs deras liv ofta som ett uppskjutande av döden (Reader 1988). Den enkla materiella kulturen, i kombination med etnografernas misslyckande att kanske vilja eftersöka samhällenas egentliga komplexitet, grundlade en uppfattning om att dessa människors liv dominerades av misär och naiv liknöjdhet. Socialantropologin har dock förändrats och idag intresserar sig forskarna mer för, ofta osynliga, men intrikata beståndsdelar i de samhällen som studeras. Man eftersöker exempelvis uppbyggnaden av de lokala och regionala sociala strukturerna, släktskapsystem och mytbildningar (Knarrström 1996c). Det har visat sig att befolkningsgrupper med den enklaste materiella kulturen, kan ha de mest komplicerade bakomliggande systemen för samhällets funktioner. Den arkeologiska forskningen kan knappast påvisa organisationsstrukturer som inte lämnat några konkreta spår efter sig. Vad vi däremot med säkerhet kan säga, är att människorna vid istidens slutskede inte bara fokuserade på att klara livhanken. Från boplatserna i Ahrensburgdalen finns organiskt material där ristade och skulpterade ben- och hornföremål (fig. 10) både antyder en stilistisk formvärld och rituella föreställningar (jfr. Rust 1958).

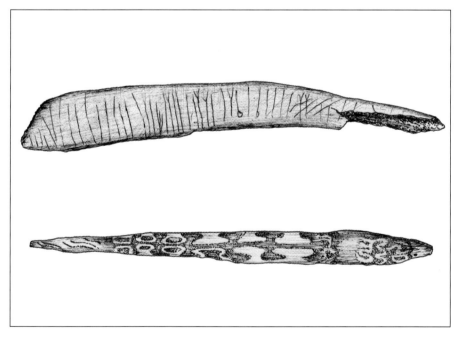

Figur 10. Ben som ristats under Hamburgkulturen, tillvaratagna på Poggenwischboplatsen i Ahrensburgdalen (omarbetade efter Rust 1958). Skala 2/3.

SKÅNSKA FYND OCH FYNDLOKALER

Följande avsnitt behandlar skånska flintfynd som vi anser har senpaleo-
litiskt ursprung. Som redan nämnts, är flera senpaleolitiska föremål se-
dan tidigare kända och publicerade. Omritningarna av dessa har gjorts
för att få en jämn kvalitet i jämförelse med de nytillkomna fynden som vi
själva dokumenterat. I samband med föremålspresentationerna beskrivs
också fyndlokalernas topografiska och miljömässiga belägenhet. Varje
lokalspecifikt avsnitt innehåller en av oss föreslagen datering av fynden.

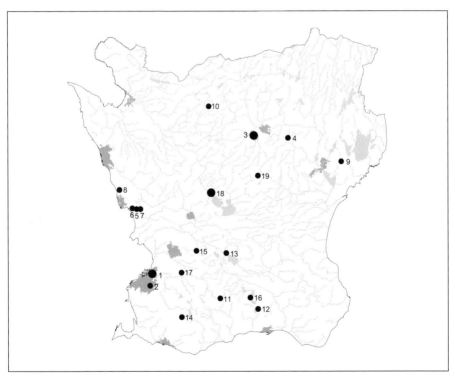

Figur 11. Skånekarta med fyndplatserna markerade. 1 Segebrokomplexet, 2 Hindby,
3 Finjakomplexet, 4 Sörby, 5 Tågerupnäset, 6 Häljarp, 7 Tågerups Gods,
8 Glumslövs backar, 9 Fjälkinge, 10 Algustorp, 11 Annavälla, 12 Ystadområdet,
13 Harlösa, 14 Marieberg, 15 Fågelsång, 16 Karlsro, 17 Öbacken,
18 Ringsjökomplexet, 19 Store Mosse.

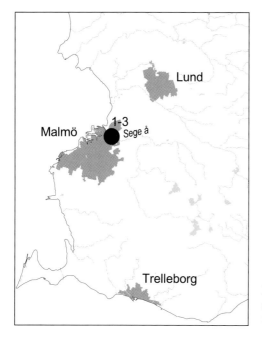

Figur 12. Detaljkarta över de
senpaleolitiska boplatserna vid Sege å,
Segebro 1–3.

Segebrokomplexet

Segebro i Malmö är den mest kända lokalen från senpaleolitisk tid i
Sverige. Den är fortfarande också den enda sydsvenska senglaciala bo-
plats där huvuddelen av fyndmaterialet härrör från en arkeologisk un-
dersökning (Salomonsson 1964). Genom våra kontakter med amatör-
arkeologen Sven Persson i Limhamn har det dock visat sig att
Segebrolokalen inte är solitär. I själva verket har Persson hittat minst yt-
terligare två lokaler med senpaleolitiskt material vid Sege å (fig. 12). Vi
börjar med en genomgång av den utgrävda boplatsen, vilken vi här be-
nämner Segebro 1.

Segebro 1

I samband med en planerad ledningsdragning intill Sege å utanför Malmö,
utförde Lunds Universitets Historiska Museum en arkeologisk undersök-

ning under våren och hösten 1960. Landskapet vid Sege å karaktäriseras av flack, före detta åker- och betesmark som fram i modern tid alltmer har kommit att exploateras genom vägar och bebyggelse. Utgrävningsplatsen låg på en svag sluttning mellan ån och en mindre förhöjning. Den senglaciala boplatsens ungefärliga mittpunkt var ca 35 m väster om åns nuvarande lopp. Bosättningen har sannolikt inte varit omedelbart kustnära, däremot har den legat i anslutning till ett vattendrag som i stort följt nuvarande Sege ås lopp. I senglacial tid utgjordes således boplatsytan troligen av ett sandigt näs, omflutet av vattendraget (Salomonsson 1962).

Vid undersökningen kunde den senpaleolitiska boplatsen avgränsas åt alla väderstreck. Fyndmaterialet framkom i ett sandlager vilket tolkades som strandsediment. Den övre delen av lagret antogs vara bildad då vattenytan sjönk i samband med inlandsisens regression. Vattnet har sannolikt tillhört den havsvik som i senglacial tid nådde ner i Öresund.

Fyndmaterialet (tabell 1) ansågs härröra från aktiviteter av en mindre grupp människor, kanske av en familjs storlek. En ytterligare slutsats var att fynden avsatts under en förhållandevis kort tidsperiod, möjligen bara en enda säsong. Vid en granskning av fyndfördelningen i plan, ses en mycket tydlig koncentration av bearbetad flinta. Koncentrationen är oval, ca 7,0 x 5,0 m med sin längsta utsträckning i NNO–SSV. Salomonsson tolkade de djupare delarna av fyndkoncentrationen och en mörkare sandlins som en hyddbotten. Denna var dock betydligt mindre i sin utsträckning, ca 3,5 x 3,0 m (Salomonsson 1962). Av flera anledningar anser vi att hela fyndspridningen bör beaktas vid en eventuell diskussion om bostadsstrukturer på platsen (fig. 13). För det första ses ingen sorteringseffekt av senare transgressioner eller erosion i artefaktsammansättningen inom fyndkoncentrationen. För det andra bör inte de enskilda fyndens stratigrafiska lägen tillmätas alltför stort värde. Detta med anledning av att frosthävningens effekter påverkar z-värdet i högre utsträckning än x- och y-värdet. Vi tolkar därför fyndkoncentrationen som begränsningarna för en hyddbotten. Denna har i storlek och form paralleller t.ex. vid de senpaleolitiska bosättningarna Deimern 45 i Nordtyskland och Borneck-Mitte i Schleswig-Holstein (Rust 1958; Taute 1968).

Totalt insamlades 2470 flintor som ansågs tillhöra den senpaleolitiska bosättningen (tabell 1). Tångepilspetsar, plattformskärnor, sticklar och

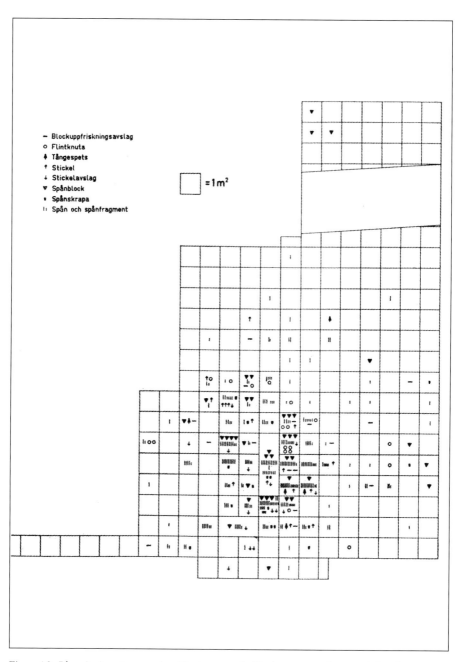

Figur 13. Planritning över undersökningen och flintkoncentrationen på Segebro 1 (efter Salomonsson 1962).

	Hela	Fragm.	Summa
Spån	155	103	258
Spån med retusch	1	1	2
Spån med bruksretusch	5	3	8
Spånblock	33	7	40
Blockuppfriskningsavslag			19
Spånskrapor	8	6	14
Skrapor, atypiska	2		2
Sticklar	15		15
Stickelavslag	16		16
Tångespetsar	4	2	6
Avslag			691
Avslag med retusch			3
Avslag med bruksretusch			6
Avfall			381
Avfall med retusch			11
Avfall med bruksretusch			13
Flisor			966
Bearbetade flintblock			19
Ornerad sten	1		1
Knacksten?	1		1

Tabell 1 (efter Salomonsson 1962).

grova spån (fig. 14a–c) har direkta paralleller med danska material från eponymboplatsen Bromme (jfr. Fischer & Nielsen 1987). Merparten av avslagen och spånen tycks ha varit outnyttjade och ytterst få föremål har vidarebearbetats genom retuschering. Råmaterialet består av sydsvensk flinta av senon- och danientyp, där den sistnämnda kategorin dominerar. Kvaliteten på de upphuggna nodulerna kan beskrivas som förhållandevis god och vittnar om ett omsorgsfullt urval av råämnen. En närmare diskussion kring Brommekulturens flintteknologi utvecklas i kapitlet om gruppens materiella kultur (s. 92f), men vad avser flintsmidet inom Segebro 1, så avviker inte lokalens fyndsamling från den allmänna bilden av en slösaktig råmaterialekonomi.

Tabellen ovan kan kompletteras med fynd som gjordes vid en undersökning av i huvudsak mesolitiska boplatslämningar år 1976. På en

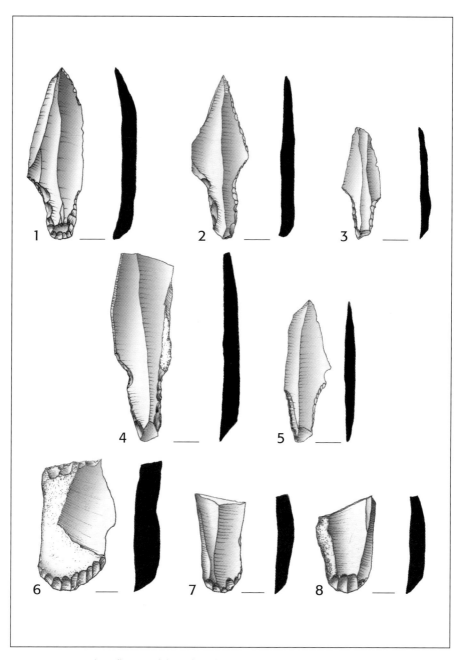

Figur 14a. Urval av flintartefakter från boplatsen Segebro 1.
1–5 Tångepilspetsar. 6–8 Skrapor. Skala 2/3. Föreslagen datering: Brommekultur

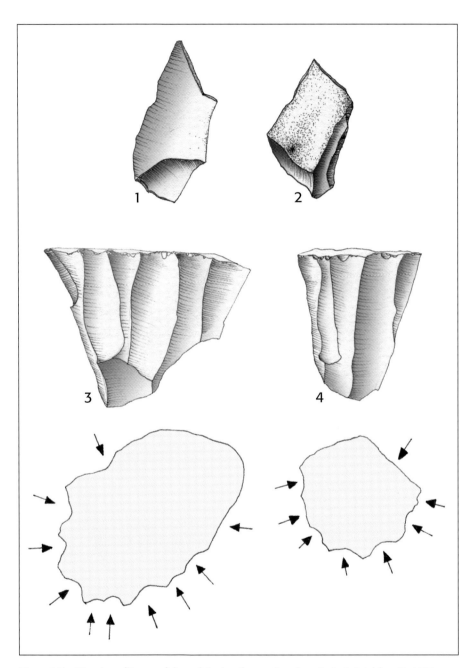

Figur 14b. Urval av flintartefakter från boplatsen Segebro 1. 1–2 Sticklar. 3–4 Kärnor. Skala 2/3. Föreslagen datering: Brommekultur

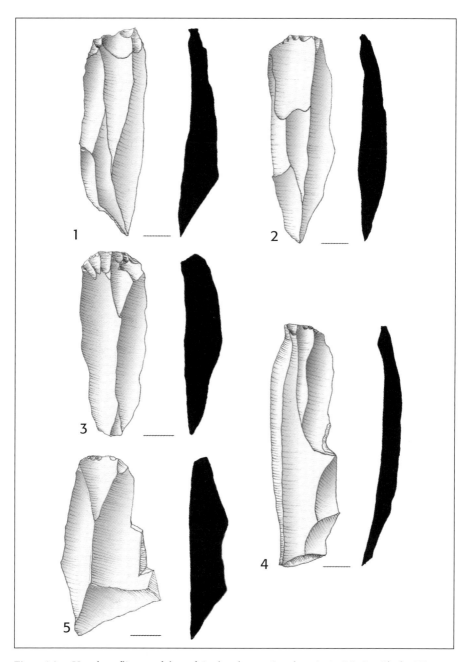

Figur 14c. Urval av flintartefakter från boplatsen Segebro 1. 1–5 Spån. Skala 2/3.
Föreslagen datering: Brommekultur

utgrävningsyta i anslutning till Segebro 1 framkom en smäcker tånge-
pilspets samt en spånskrapa som sannolikt härrör från den senglaciala
boplatsen (Larsson 1982).

Segebro 2

I området kring Sege å har ett antal stenåldersboplatser dokumenterats.
Av speciellt intresse är den fyndlokal, omkring 400 meter ostnordost om
Segebro 1, som av Althin benämnts Malmö, Site No 8 (Althin 1954). De
av Althin presenterade fynden härrör från Carl Stadlers omfattande in-

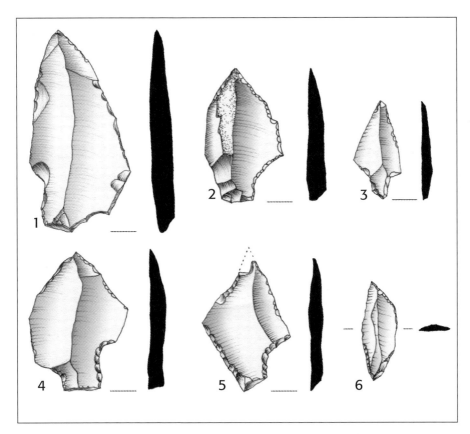

Figur 15. 1–6 Tångepilspetsar. (Nr 6 omritad efter Althin 1954). Skala 2/3.
Föreslagen datering: Brommekultur

venteringar av bl.a. sydvästra Skåne. I det mellan- och senmesolitiska flint-materialet från den nu aktuella platsen återfinns bl.a. en smäcker spån-pilspets, en tångepilspets, en zinkenliknande kärnborr samt en skrapa. På samma plats har Sven Persson under sina inventeringar påträffat ytterli-gare flintor som vi menar är av senpaleolitiskt ursprung.

Till skillnad från Segebro 1-materialet innehåller denna fyndsamling flera stora zinken, samt ett antal mycket korta och breda tångespetsar. Även om zinken förekommer som enstaka inslag i danska Bromme-material (Madsen 1983) kan vi svårligen passa in dessa fynd i Brommekultur. Om vi separerar ut de Lyngbyliknande spetsar som har en klar koppling till Bromme (fig. 15), återstår ett material som i sin sam-mansättning bara kan dateras till Hamburgkultur. Här föreligger en kom-bination av zinken, en gravettespets samt en skrapa tillverkad på ett spån från en tvåpolig kärna. Detta material anser vi utgöra det hittills mest övertygande beviset på förekomsten av Hamburgkulturen i Skåne (fig. 16a-b).

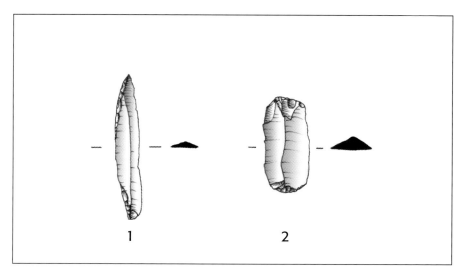

Figur 16a. 1 Gravettespets. 2 Skrapa (omritade efter Althin 1954). Skala 2/3.
Föreslagen datering: Hamburgkultur.

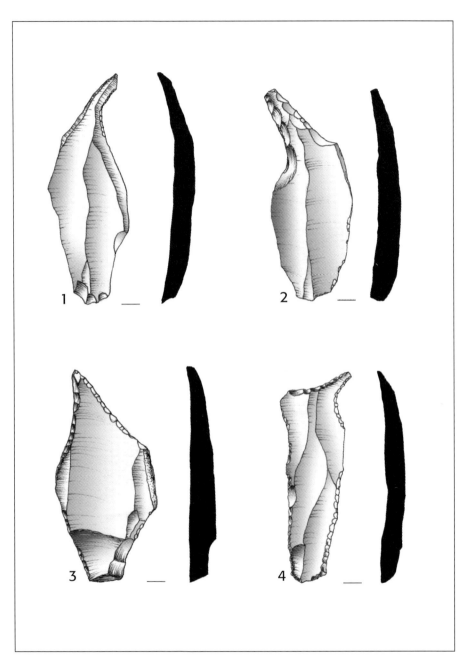

Figur 16b. 1–4 Zinken. Skala 2/3.
Föreslagen datering: Hamburgkultur.

Segebro 3

Några hundra meter sydsydväst om Segebro 2, söder om Sege å, har Sven Persson dokumenterat en tredje fyndplats. Förutom att där fanns slagen flinta, påträffades även en liten tångespets (fig. 17). Pilspetsens tånge har retuscherats mot dorsalsidan och avviker på sätt från de typiska Brommespetsarna. Atypisk morfologi tycks dock inte helt ovanlig i skånska senpaleolitiska material och spetsens övriga attribut med ensidig kantretuschering och borthuggen slagbula medger en senpaleolitisk datering. Således kan spetsen från Segebro 3, tillsammans med fynden från Segebro 1 och 2, knytas till senglacial tid och slutsatsen blir att de tre lokalerna ingått i ett system av boplatser utmed Sege å. Av denna anledning finner vi det mycket sannolikt att fler senpaleolitiska lokaler står att finna längs med åsystemet.

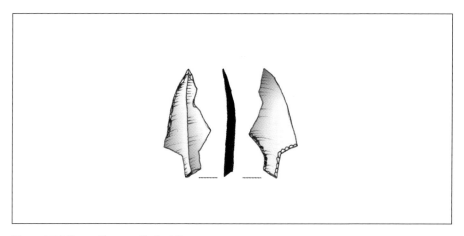

Figur 17. Tångepilspets. Skala 2/3.
Föreslagen datering: Brommekultur/Ahrensburgkultur.

Hindby, Djursjukhuset

Malmö museer utförde 1974 en arkeologisk undersökning av neolitiska lämningar och delar av en järnåldersboplats vid Hindby. Lokalen utgjordes av en sandplatå som sluttade ned mot en våtmark. Våtmarken markerade läget för en dödishåla, en av flera i området som i ett system löper i SV–NO riktning genom landskapet. I dödishålan hittades vid en geologisk undersökning ett horn från jättehjort. Hornet har ^{14}C-daterats till 11 330±110 BP (Lu 824) och saknar spår efter slakt eller bearbetning (Liljegren 1999, muntlig information). Dödishålan och sandplatån låg också i anslutning till det stora våtmarkskomplexet Hindby mosse. Landskapet i övrigt karaktäriserades av små sandiga moränhöjder mellan vilka kärr och mossar utbreder sig.

Vid den arkeologiska undersökningen påträffades en tångespets i en trolig brunn (A 14), daterad till mellanneolitikum (Svensson 1999, muntlig information). Anläggningen innehöll flera lager och var i stratigrafin den återgivna Brommespetsen av Lyngbytyp (fig. 18) återfanns har inte gått att fastställa. En möjlig tolkning av kontexten, är att spetsen härrör från ett djupare sandlager som genomgrävts vid anläggandet av brunnen. Vi har inte analyserat det övriga flintmaterialet som framkom vid undersökningen, och det är möjligt att fler senpaleolitiska artefakter döljer sig där.

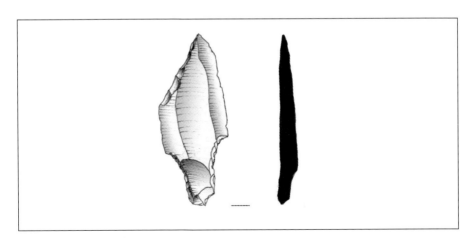

Figur 18. Tångepilspets. Skala 2/3. Föreslagen datering: Brommekultur.

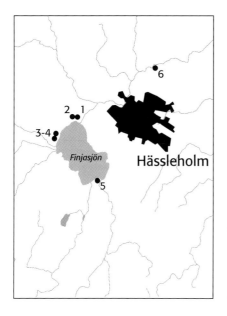

Figur 19. Detaljkarta över de senpaleolitiska fyndlokalerna i Finjasjöns närhet. 1 Mölleröd, 2 Vångamossen, 3–4 Finjamaden/Finjakärr, 5 Hovdala, 6 Ullsala.

Finjakomplexet

Omkring Finjasjön finns ett stort antal registrerade stenåldersboplatser och då i synnerhet norr om sjön vid Vångamossen och i anslutning till Almaåns utlopp. Här finns fyndlokaler som kan härledas till såväl mesolitikum som till neolitikum (Carlie 1992). Det förhållandevis rika senglaciala materialet som påträffats vid Finjasjön (fig. 19) blev framför allt känt genom insatser av amatörarkeologen Ingvar Jönsson, Hässleholm. Under flera år ytinventerade han landskapet omkring sjön och detta ledde senare till att ett antal utgrävningar genomfördes på några av fyndlokalerna i början av 1990-talet.

Finjasjön har en yta på omkring 11 kvadratkilometer och tillhör en av de större sjöarna i Skåne trots att vattennivån sänktes under 1800-talet. Almaån i norr är det enda vattendrag som avvattnar Finjasjön. Hörlingeån ansluter till Almaån norr om Möllerödsfältet. Möllerödsfältet och området vid Finja by kan geologiskt beskrivas som ett isälvsdelta avlagrat i mer eller mindre flacka kullar och fält, vilka sträcker sig utmed Hörlingeån i nord–sydlig riktning. Jordarten i deltat utgörs till största delen av sand och direkt väster och öster om deltat ligger branta urbergsåsar täckta av urbergsmorän. Mellan Finja by och Möllerödsfältet ligger i nord–sydlig riktning den ca 10 hektar stora Vångamossen. Vångamosse-bassängen stod vid isavsmältningsskedet troligen i direkt kontakt med Finjasjön. Bassängen avskärmades sannolikt från Finjasjön redan under senglacial tid av en sandrevel. Således uppstod en mindre sjö som sedan förvandlades till ett kärr och slutligen till en mosse (Pihl & Sjöström 1994).

Mölleröd

På en sandig förhöjning vid Mölleröds övningsfält (P2) i Finja socken genomfördes en arkeologisk undersökning under hösten 1991. Utgrävningarna utfördes i form av seminariegrävning för arkeologistuderande vid Lunds Universitet under ledning av Johnny R. Bengtsson (Bengtsson 1991). Platsen hade tidigare uppmärksammats, såväl av Ingvar Jönsson som av Anne och Lennart Carlie vid deras inventeringar av stenåldersboplatser i området (Carlie & Carlie 1986). Fyndlokalen har benämnts Mölleröd 1 av Carlie och Mölleröd 9 av Jönsson. Äldre kartor visar att förhöjningens södra sluttning låg i direkt anslutning till den forna sjöstranden innan vattennivån i Finjasjön sänktes (Larsson 1996). Vid

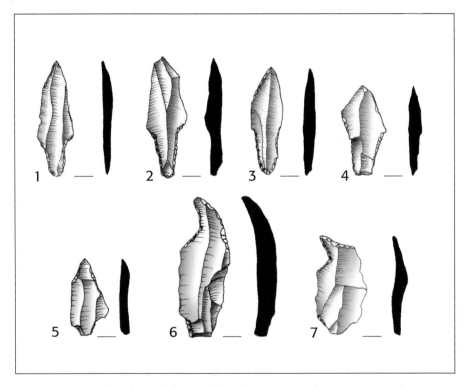

Figur 20. Ett urval av föremål från Mölleröd. 1–5 Tångepilspetsar. 6–7 Zinken (Nr 5 och 6 omritad efter Larsson 1996). Skala 2/3.
Föreslagen dateringen: Hamburgkultur/Brommekultur.

seminariegrävningen framkom framför allt avslag och avfall av flinta men även en zinken tillvaratogs (Bengtsson 1991).

Under ledning av Arne Sjöström har ytterligare undersökningar gjorts på platsen under våren 1992 och sommaren 1993. Det äldsta fynd-materialet från undersökningarna utgörs av en tångespets, som tolkats vara av Hamburgtyp. Dessutom framkom ytterligare några tångepil-spetsar som kan vara från senglacial tid (fig. 20). Däremot påträffades inga kulturlager eller anläggningar som kunde knytas till senpaleolitikum (Pihl & Sjöström 1994).

Vångamossen

Våren 1991 genomfördes en arkeologisk undersökning på en sandig, svag förhöjning inom fastigheten Finja 3:36 i Finja socken, under ledning av Lennart Carlie. Boplatsen har varit belägen på ett näs omgivet av vatten. Öster om utgrävningslokalen ligger den långsmala mossmarken Vånga-mossen. Sammanlagt upptogs vid undersökningstillfället ett 40-tal kva-dratmeter. Ett antal tångespetsar av Brommetyp påträffades tillsammans med tre skrapor vars utformning anger att de sannolikt är av senpaleolitisk ålder (fig. 21). Det förtjänar att påpekas att några av de större spetsarna från platsen tillverkats i högkvalitativ Kristianstadflinta. Samtliga fynd påträffades i ploggången tillsammans med föremål från senare delen av stenåldern (Carlie 1993; Larsson 1996).

Figur 21 (t.h.). Ett urval av föremålen från Vångamossen. 1–4 Skrapor.
5–11 Tångepilspetsar. (Nr 1, 3, 4, 7 och 9 omritade efter Larsson 1996). Skala 2/3.
Föreslagen datering: Brommekultur.

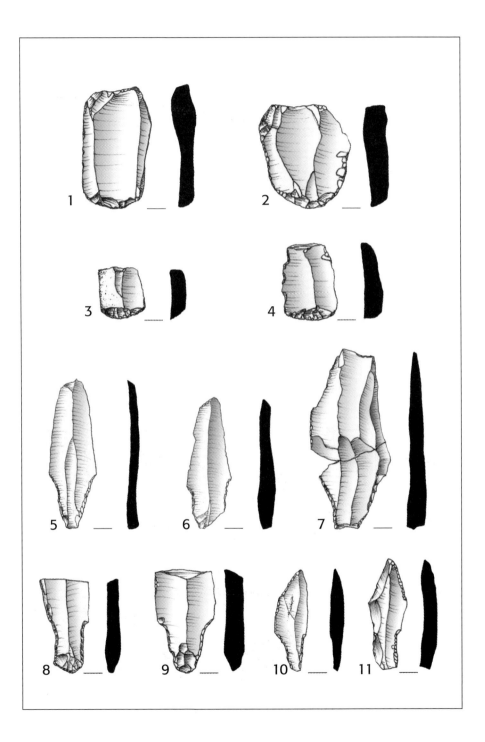

Finjamaden/Finjakärr

Västsidan av Finjasjön är flack och under isavsmältningsskedet fanns här små sandiga förhöjningar omflutna av vattendrag. Utmed sjöns västra sida har ytinventeringar på dessa förhöjningarna resulterat i fynd av tånge-spetsar av Bromme- och Ahrensburgtyp (Larsson 1996). En fyndlokal vid den forna Finjasjöns västra strand (Finjamaden 1:1 i Finja socken) un-

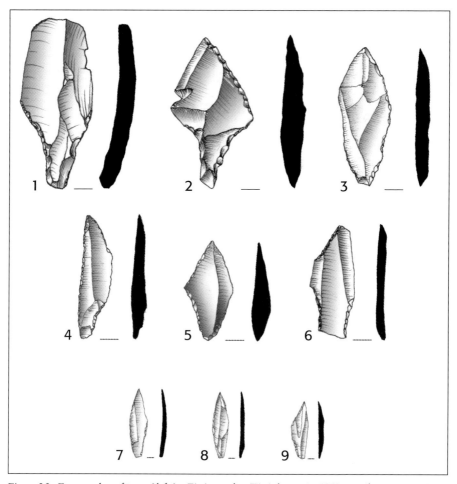

Figur 22. Ett urval av föremål från Finjamaden/Finjakärr. 1–6 Tångepilspetsar. 7–9 Mikroliter, varav två med tångeretuschering. Skala 2/3.
Föreslagen datering: Brommekultur/Ahrensburgkultur

dersöktes våren 1990 under Lennart Carlies ledning. En tångespets på-
träffades medan det övriga fyndmaterialet bedömdes ha sin tyngdpunkt
i Maglemosekultur (Pihl & Sjöström 1994). Detta vittnar om en lång
platskontinuitet där material från olika boplatser blandats. Även råma-
terialet varierar mellan sydskandinavisk flinta och Kristianstadflinta,
något som möjligen kan förklara det dubiösa utseendet på några av de
spetsliknande artefakterna. Vi väljer här att även redovisa några mikro-
liter med drag av både senpaleolitisk och tidigmesolitisk tradition (fig. 22).

Hovdala

Vid Hovdala söder om Finjasjön i Brönnestad socken finns ett antal
stenåldersboplatser dokumenterade. Hovdalamaterialets senpaleolitiska
inslag utgörs av en liten tångespets samt en zinken (fig. 23). Spetsen före-
faller ha tillverkats på ett spån från en ensidig tvåpolig kärna och tånge-
delen är tämligen bred. Zinken är tillverkad av ett osymmetriskt, sanno-
likt knackstensslaget spån. Dateringsproblematiken för detta lilla material
är påtaglig. Är föremålen inte samtida, skulle zinken solitärt kunna hän-
föras till Bromme-, och spetsen till Ahrensburgkultur. Om samtidighet
föreligger, tyder allt på en datering till Hamburgkultur. Anledningen är
att ensidiga tvåpoliga kärnor i kombination med zinken endast förekom-
mer i den äldre delen av senpaleolitikum i Skandinavien.

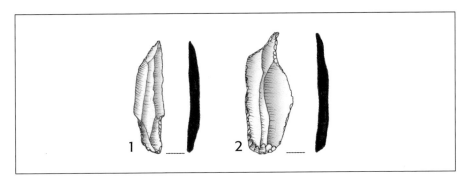

Figur 23. 1 Tångepilspets. 2 Zinken. Skala 2/3.
Föreslagen datering: Hamburgkultur

Ullsala

Ullsalalokalen är belägen i Ballingslövs socken strax söder om Almaån. Det omgivande landskapet karaktäriseras av småbruten terräng med flera mindre mossmarksområden. Från platsen föreligger endast två skrapor (fig. 24), men deras utformning är i gengäld mycket typisk för Bromme-kultur och det finns många paralleller i både danska och sydsvenska material. Utgångsmaterialet har varit grova spån som givits en mjukt rundad retuschering som är brantare än på mesolitiska spånskrapor. Vi har noterat att flera liknande skrapor är mycket korta. Detta kan indikera att skrapor av denna typ varit skaftade och att spånen knäckts vid för hård belastning.

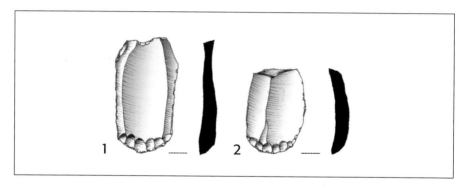

Figur 24. 1–2 Skrapor. Skala 2/3. Föreslagen datering: Brommekultur

Sörby

I Sörby socken har en tångepilspets påträffats där uppgift om den exakta fyndplatsen dessvärre saknas. Spetsen är av karaktäristisk Brommetyp och är framretuscherad på ett grovt osymmetriskt spån (fig. 25).

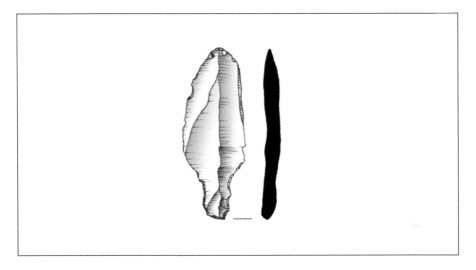

Figur 25. Tångepilspets. Skala 2/3. Föreslagen datering: Brommekultur.

Tågerupsnäset

Vid de arkeologiska undersökningarna i samband med Västkustbane-projektet under åren 1995–1998 har ett flertal artefakter påträffats som på typologiska grunder kan dateras till senpaleolitikum (Knarrström 1996a; Andersson & Knarrström 1997, 1998).

Tågerup i Saxtorp socken vid Saxådalen och Braån är sedan tidigare känd och är noterad i fornminnesregistret som RAÄ Saxtorp 3. Ytin-venterat material från lokalen har också beskrivits i Althins avhandling (1954; Site No. 4, Saxtorp). Saxåns dalgång hyser en mängd fyndförande åkermarker som varit välkända bland amatörarkeologer och samlare.

Saxådalen har varit en inlandsmiljö under senglacial tid. Idag rinner Saxån i en tunneldal som smalnar av invid åarnas sammanflöde. Djup-schaktningar vid Tågerup visar att det under senpaleolitikum funnits vattentillflöde från åarna och troligen även en liten sötvattensbassäng nedanför moränplatån (Knarrström 1996b).

Merparten av de senpaleolitiska fynden från Tågerup påträffades som lösfynd i ploglagret. Materialet består av en bred tångeretuscherad spets av Lyngbytyp, en liten spånpilspets med tångeretusch, ett zinkenliknande flintborr samt tre kärnor (fig. 26). Från den större ensidiga tvåpoliga plattformskärnan har förhållandevis långa och symmetriska spån slagits. Den mindre av kärnorna är av mera typisk ensidig tvåpolig typ. Lyngby-spetsen och den zinkenliknande krumborren bör ges en datering till Brommekultur, medan det övriga materialet snarast skall placeras i Ahrensburgkultur.

Noterbart är att flertalet artefakter hittades inom ett begränsat om-råde i nederkanten av moränplatåns sluttning. En rimlig tanke är att fö-remålen eroderat ned från jaktlokaler högre upp på platån. Fynd av tånge-spetsar styrker indikationen på förekomst av jaktstationer men sannolikt kan andra typer av aktivitetsytor och mer permanenta lägerplatser före-komma längs ådalen. Saxådalen bör under den senpaleolitiska tiden ha utgjort en lämplig bakgrund för bredspektrumekonomier.

Figur 26 (t.h.). 1 Zinkenliknande krumborr. 2–3 Tångepilspetsar. 4–6 Kärnor. Skala 2/3. Föreslagen datering: Brommekultur/Ahrensburgkultur.

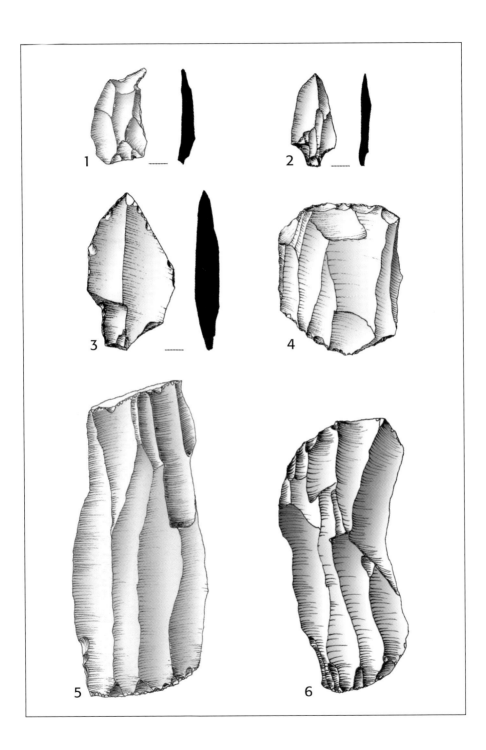

Häljarp

Omkring 2 kilometer väster om Tågerupsnäset vid Häljarp i Tofta socken framkom under Västkustbaneundersökningarna en skrapa och en tångespets (fig. 27) som sannolikt kan kopplas till senpaleolitiska aktiviteter (Karsten 1996). Fyndplatsen ligger på en sandig förhöjning cirka 100 meter norr om Saxån.

Skrapan uppvisar en brant eggretuschering samt en markerad tånge. Typen påminner mest om en s.k. Wehlenskrapa, vilken förekommer i övergången mellan Hamburg- och Brommekultur. Dessa skrapor kan dock förväxlas med liknande exemplar som tillverkats i senneolitikum/äldre bronsålder (Vang Petersen 1993). Pilspetsen består av ett kraftigt spånfragment som givits en propellerretuschering i tången. Själva spetsdelen har formats genom en sned retusch. Även om spetsen kan tyckas ha vissa morfologiska drag gemensamt med den mesolitiska Kongemosekulturen, anser vi att den markerade tången och föremålets grovlek talar för en äldre datering. Det kan också påpekas att inga sådana spetsar ingick i de tonvis med flintor som tillvaratogs på Kongemoseboplatsen vid det närbelägna Tågerupsnäset.

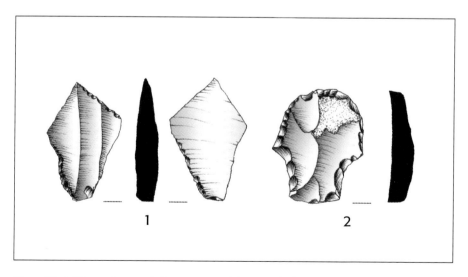

Figur 27. 1 Tångepilspets. 2 Skrapa av Wehlentyp. Skala 2/3.
Föreslagen datering: Brommekultur.

Tågerups Gods

Denna lokal är belägen på östra sidan av en liten torvfylld svacka, ett hundratal meter norr om Saxån (Knarrström 1996a; Andersson & Knarrström 1998). Vid en slutundersökning av denna i huvudsak mesolitiska plats i januari 1999, påträffades under ett mäktigt torvlager en grovt tillhuggen tångespets (Mårtensson 1999, i tryck). Spetsen har tillverkats på en frostsprängd skiva av danienflinta och hela ena sidan har försetts med retuscher (fig. 28). Vi anser det inte troligt att projektilspetsen härrör från någon regelrätt boplats då inga övriga fynd av senpaleolitisk karaktär gjordes vid undersökningen. Föremålet har direkta paralleller i ett engelskt senpaleolitiskt material från Hengistbury Head i Dorset. Där har flera projektilspetsar med helretuscherad långsida påträffats i en fyndkontext som generellt daterats till perioderna Bölling/Alleröd (Bergman & Barton 1986).

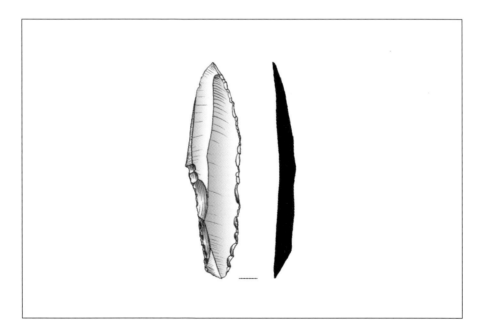

Figur 28. Tångepilspets. Skala 2/3.
Föreslagen datering: Brommekultur.

Glumslövs backar

På en av undersökningslokalerna norr om Landskrona vid Glumslöv i Härslöv socken påträffades en tångepilspets i samband med Västkustbane-projektets arkeologiska undersökningar (Aspeborg 1999). Fyndplatsen ligger på ett svagt sydvästsluttande höjdparti, drygt 80 m.ö.h. Västerut sluttar det brant ned mot Dalamossen som ligger cirka 50 meter lägre än fyndplatsen. Ur topografisk synpunkt har inlandsisen åstadkommit tydliga spår i området och landskapet präglas av de iögonfallande bildningar som kallas Glumslövs backar. Dessa höjder ingår i ett markerat stråk av kullar som sträcker sig från kusten vid Ålabodarna till Rönneberga. Backarna är uppbyggda av tjocka kvartära lager som är uppskjutna av inlandsisen och de blir som högst vid Glumslöv (102 m.ö.h.).

Pilspetsen har morfologiska attribut som var för sig återfinns i flera senpaleolitiska kulturkretsar. Den höga kvaliteten på spånet, samt inte minst dess längd, talar emot en datering till Ahrensburgkultur. Flertalet sydsvenska spetsar från denna senpaleolitiska slutfas är betydligt kortare, kanske som en följd av spånproduktionen från små ensidiga tvåpoliga kärnor. Spetsen avviker också i sitt utseende från vad vi hittills sett av Brommekulturens projektilinventarium. Den sneda eggretuschen, en lång asymmetrisk tångeretuschering som på höger sida bildar en svag kurva, möjliggör en rimlig datering till Hamburgkultur (fig. 29).

I en förnyad genomgång av bronsåldersflintorna från undersöknings-ytan hittades ytterligare senpaleolitiskt material. Det rör sig om en liten kraftigt bränd skrapa med brant eggretuschering, samt en kärna (fig. 29). Kärnan kan beskrivas som en hybrid mellan en ensidigt tvåpolig-, och en enkel plattformskärna. Tvåpoliga kärnor är en av ledartefakterna för äldre senpaleolitikum och om kärnan är samtida med pilspetsen, utgör kombinationen en indikation på Hamburgkultur. De tre fynden ligger samtliga i den absolut västligaste delen av undersökningsområdet som sannolikt endast tangerat översta del av en senpaleolitisk boplatsyta.

Figur 29 (t.h.). 1 Tångepilspets. 2 Skrapa. 3 Kärna. Skala 2/3.
Föreslagen datering: Hamburgkultur.

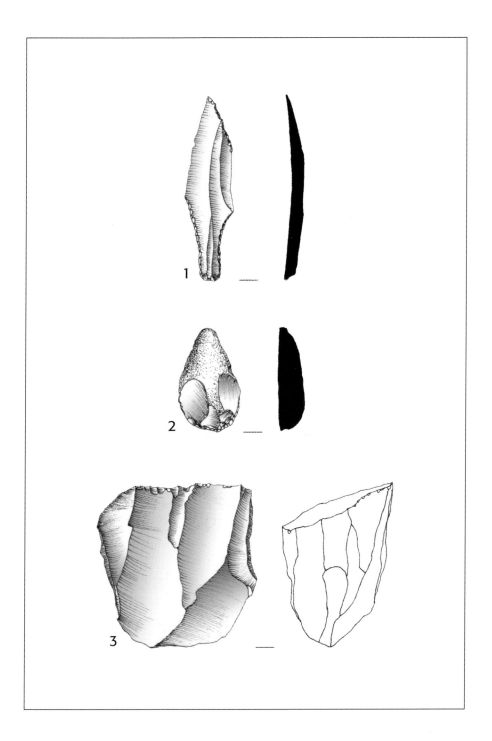

Fjälkinge

Vid ett besök hos två amatörarkeologer i Fjälkinge och Balsbyområdet kunde Anders Edring vid Länsmuseet i Kristianstad identifiera ett antal artefakter, bl.a. tre spetsar, som på typologiska grunder kunde dateras till senglacial tid. Flintartefakterna är insamlade på en åker mellan Fjälkinge by och Fjälkinge backe, inom en ca 50 x 50 meter stor yta.

Fyndplatsen ligger i ett landskap som karaktäriseras av sandiga och kalkrika jordar. I norr är urbergsformationen Fjälkinge backe belägen, med en höjd på 101 m.ö.h. Öster om denna höjd ligger Lilles backe, med en höjd av 66 m.ö.h. Urbergsformationerna ligger i ett område där Kristianstadsslätten övergår till en mera kuperad skogsbygd och där de

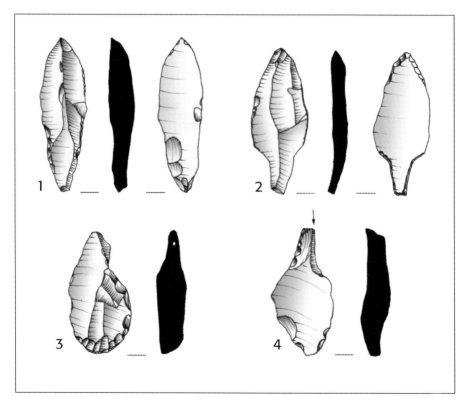

Figur 30. Ett urval av artefakter i Kristianstadflinta. 1–2 Tångepilspetsar. 3 Skrapa. 4 Stickel (omritat efter Edring 1997). Skala 2/3. Föreslagen datering: Brommekultur

stora sjöarna, Oppmannasjön, Ivösjön och Råbelövssjön, dominerar landskapet (Edring 1997).

Vi har själva fått möjlighet att se fynden som är mycket svåra att säkert diagnosticera. Även om fyndlokalen omges av boplaser från flera stenåldersperioder, anser vi dock att åtminstone några av artefakterna kan härröra från senpaleolitisk tid (fig. 30). En viktig iakttagelse är att delar av materialet utgörs av Kristianstadflinta, vilket har direkta paralleller i fyndmaterialen från det senpaleolitiska boplatskomplexet vid Finjasjön.

Algustorp

Hösten 1982 förevisades Lennart Carlie en tidigare okänd tångespets av Lyngbytyp (fig. 31) i samband med ett föredrag i Hörja, Hässleholms kommun. Tångespetsen tillhörde Sven Ivarsson från Algustorp i Röke socken. Den exakta fyndplatsen för spetsen är okänd, men enligt Ivarsson är den påträffad inom fastigheten Algustorp 1:6 invid sjön Hålevik, ca 2 mil nordväst om Hässleholm. Detta område präglas av stenig och

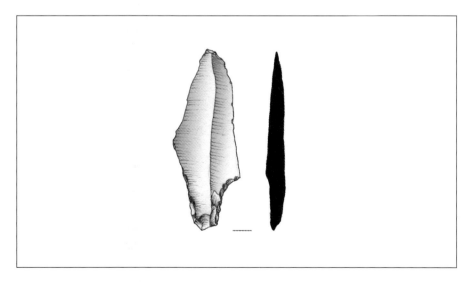

Figur 31. Tångepilspets. Skala 2/3.
Föreslagen datering: Brommekultur

65

föga bördig moränmark. Landskapet är typiskt för Nordskånes vidkommande med skogsbevuxen terräng och ett stort inslag av sjöar och mossar (Carlie & Götz 1983).

I Röke socken finns det, i jämförelse med sydvästra Skåne och Finjasjöområdet, förhållandevis få registrerade stenåldersboplatser och även antalet registrerade lösfynd från stenåldern är fåtaliga.

Det är naturligtvis svårt att spekulera i huruvida tångespetsen härrör från en regelrätt boplats då den exakta fyndplatsen är okänd. I nordvästra Skåne uppträder längs sjöstränderna talrika fynd från omfattande tidigmesolitiska bosättningar (Karsten & Knarrström 1996, 1998) och en hypotes kan vara att spetsen ursprungligen härrör från en Brommeboplats vid någon av de närbelägna sjöarna.

Annavälla

Vid genomgången av en gårdsamling tillhörande lantbrukare Ragnar Jeppsson i Annavälla vid Janstorp i Slimminge socken, norr om Skurup, kunde professor Lars Larsson och amatörarkeologen Sven Persson identifiera ett antal föremål som är typiska för Brommekulturen (fig. 32). Artefakterna hade under flera decennier insamlats i samband med markberedningar. Då fyndplatsen senare inventerades av Larsson och Persson påträffades ytterligare bearbetade flintor, samt en stickel som möjligen också kan knytas till Brommekulturen. Fyndlokalen ligger på en markerad västsluttning ned mot krönet av en relativt kort tunneldal som löper i nord–sydlig riktning (Larsson 1986).

Figur 32 (t.h.). 1–3 Tångepilspetsar. 4–5 Skrapor (omritade efter Larsson 1986). Skala 2/3. Föreslagen datering: Brommekultur.

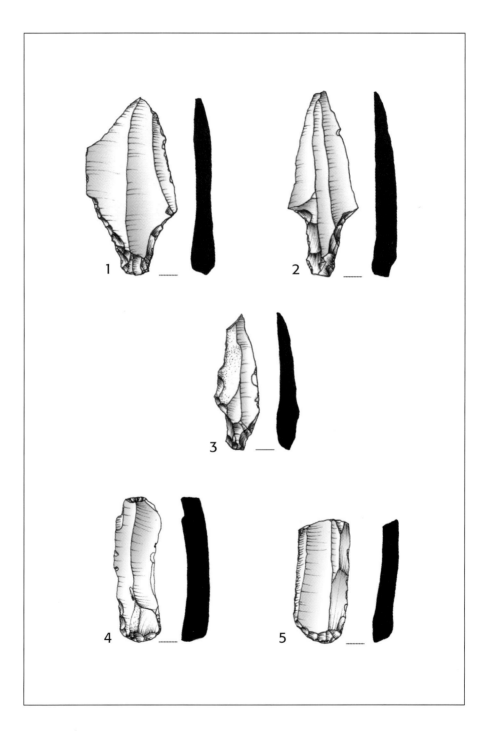

Ystadområdet

I samband med omfattande inventeringar inom det s.k. Ystadsprojektet påträffades tre tångepilspetsar i olika samlingar (fig. 33). Dock saknar dessa fynd angivna fyndplatser men förmodas komma från socknarna kring Ystad. En av spetsarna torde härröra från trakten nordost om Krageholmssjön, i närheten av Nyborg (Larsson 1984). Föremålen utgör typiska exempel på grovt tillhuggna spetsar från Brommekultur.

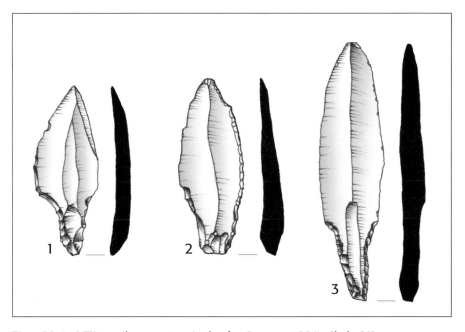

Figur 33. 1–3 Tångepilspetsar (omritade efter Larsson 1984). Skala 2/3.
Föreslagen datering: Brommekultur.

Harlösa

I samband med en torvtäkt nära Vombsjön i anslutning till Kävlingeåns utlopp, påträffades år 1943 en älghornshacka. Pollenanalyser tagna från det fyndförande torvlagret daterar hornhackan till preboreal tid. Vid torvmossens norra kant, i närheten av hornfyndet, framkom ett flertal flintavslag, spån, spånfragment, en spånskrapa samt en tångespets (fig. 34) (Salomonsson 1961).

I närområdet finns ett flertal stenåldersboplatser registrerade och några hundra meter söder om flintfynden, på andra sidan Kävlingeån, har en renhornshacka påträffats. Hornstycket framkom på ett djup av mellan 1 och 1,5 meter i ler- och kalkgyttja i samband med nedläggningen av en rörledning (Larsson 1979). Radiometrisk analys gav en bronsålders-datering (Larsson 1999, muntlig uppgift), men renhornsmaterialet och stratigrafin bör ändå betyda att föremålet är från senglacial- eller tidig postglacial tid.

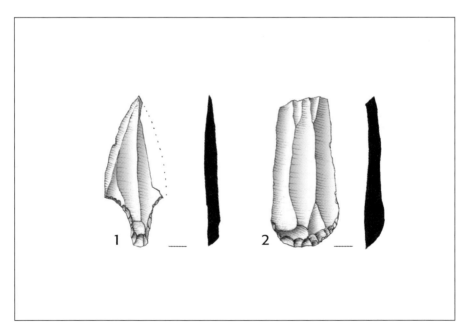

Figur 34. 1 Tångepilspets. 2 Skrapa. Skala 2/3.
Föreslagen datering: Brommekultur.

Marieberg

På en registrerad stenåldersboplats vid Marieberg i V. Alstads socken har en tångespets av Lyngbytyp (fig. 35) påträffats tillsammans med ett fyndmaterial som framför allt var av neolitisk karaktär (Salomonsson 1960). Boplatsen är också omnämnd av Althin (1954, Site No. 130). Fyndplatsen, som idag utgörs av åkermark, ligger 55 m.ö.h. på nordsluttningen av en öst–västlig höjdsträckning.

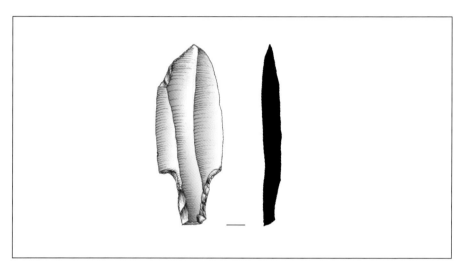

Figur 35. Tångepilspets. Skala 2/3.
Föreslagen datering: Brommekultur.

Fågelsång

10 kilometer öster om Lund vid Fågelsång i Hardeberga socken har en tångespets av Brommetyp framkommit (fig. 36). Lokalen ligger på ett näs i Fågelsångsdalgången vid sammanflödet för Röglebäcken och Sularpsbäcken. Vid fyndplatsen påträffades dessutom spån, flintavslag och -avfall, sticklar och spånskrapor (Salomonsson 1960).

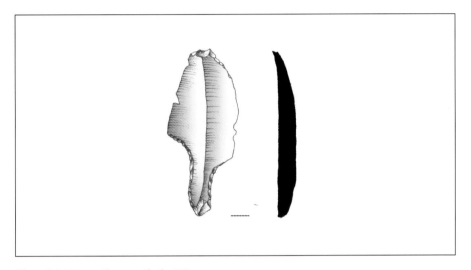

Figur 36. Tångepilspets. Skala 2/3.
Föreslagen datering: Brommekultur.

Karlsro

Vid Karlsro i Sövde socken, södra Skåne, har tre tångespetsar och två skrapor (fig. 37) påträffats inom ett område av 90 x 50 meter. Fyndplatsen ligger på krönet av en moränkulle cirka 50 m.ö.h. Landskapet omkring platsen är kuperat och knappt 100 meter öster om fyndlokalen ligger Ellestadssjön.

Platsen har varit föremål för en utgrävning varvid ett mycket begränsat antal bearbetade flintor påträffades (Larsson 1991a).

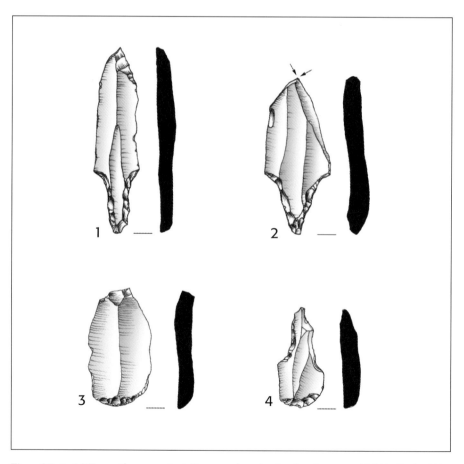

Figur 37. 1–2 Tångepilspetsar. 3–4 Skrapor (omritade efter Larsson 1990). Skala 2/3. Föreslagen datering: Brommekultur.

Öbacken

Öbacken i Hyby socken ligger på västra delen av en 500x700 meter stor sandplatå ute i den vidsträckta Torreberga mosse, 3 kilometer sydöst om Staffanstorp. Sandplatån höjer sig med branta sidor 5–10 meter över den omgivande myrmarken och under preboreal tid låg sandplatån invid öppet vatten. Flintredskap från stora delar av stenåldern har tillvaratagits på platsen (Welinder 1971).

Boplatsen har under Bengt Salomonssons ledning undersökts vid två tillfällen mellan åren 1962 och 1964. Vid 1964 års grävning koncentrerades undersökningarna till norra foten av sandplatån. Här framkom ett torvlager, som avsatts under preboreal tid och i detta lager påträffades en tångespets (fig. 38) (Welinder 1971).

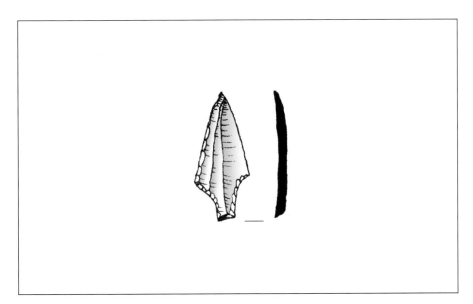

Figur 38. Tångepilspets. Skala 2/3.
Föreslagen datering: Ahrensburgkultur.

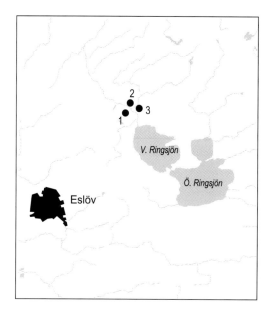

Figur 39. Detaljkarta över de
senpaleolitiska fyndlokalerna i
anslutning till Ringsjön.
1 Rönneholm 1, 2 Ageröd 1,
3 Henningebro.

Ringsjökomplexet

Ringsjön ligger i centrala Skåne och den består av tre sammanhängande
sjöar - Östra Ringsjön, Västra Ringsjön samt Sätoftasjön. Ringsjön, som
är Skånes näst största sjö, omfattar 42 km^2. Innan Ageröd-Rönneholms
mosse växte igen var sjön 12 km^2 större. Sjön avvattnas genom Rönne å
vid Västra Ringsjön. De största tillflödena utgörs av Hörbyån vid Östra
Ringsjön samt Kvesarumån vilken mynnar i Sätoftasjön. Ageröds och
Rönneholms mossar är i själva verket en sammanhängande mosse nord-
väst om Ringsjön som av Rönne å delas i en mindre nordlig del (Ageröds
mosse) och en större sydlig del (Rönneholms mosse) (Larsson 1978).

I likhet med Finjasjöområdet har det varit möjligt att spåra åtskilliga
boplatser från hela stenåldern omkring Ringsjön. Boplatserna är samlade
i större eller mindre koncentrationer invid den forna strandlinjen, fram-
för allt till vattendragens in- och utlopp. Vid en genomgång av privata
inventeringsfynd från området kring Ageröds och Rönneholms mossar
fann vi flera tångespetsar som sannolikt härrör från senglacial tid.

Rönneholm 1

Rönneholm 1 ligger i anslutning till Rönneholms mosse ca 200 meter söder om Rönne å. Platsen var under 1940-talet föremål för arkeologiska undersökningar varvid mesolitiskt och neolitiskt material tillvaratogs. Fyndbilden överensstämmer med Stadlers ytinsamlade material med undantag att han även tillvaratagit en sannolikt äldre tångespets (Althin 1954).

I Sven Perssons samling av mestadels tidigmesolitiskt material, finns flera spetsar som kan dateras till senpaleolitikum. Den största av dem uppvisar en kraftigt retuscherad tånge och kan betecknas vara av Lyngbytyp. Tre mindre tångespetsar är gjorda på spån från tvåpoliga kärnor. Dessutom föreligger en skrapa som möjligen också ingår i den senpaleolitiska kontexten (fig. 40).

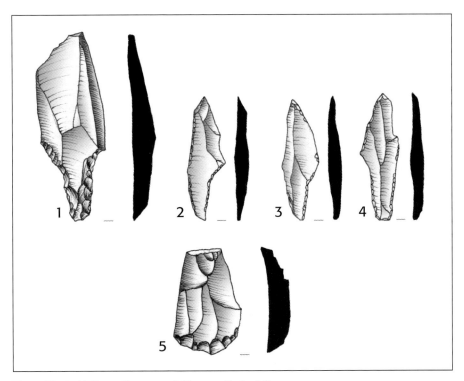

Figur 40. 1–4 Tångepilspetsar. 5 Skrapa. Skala 2/3.
Föreslagen datering: Brommekultur/Ahrensburgkultur

Ageröd 1

Ageröd 1 utgörs av en långsträckt moränås som skjuter ut i Ageröds mosse. Marken utgörs idag av plöjd åker och fyndmaterialen anger att hela åsen utnyttjats under alla stenåldersperioder. Det har varit möjligt att avgränsa fyndplatsen för de senpaleolitiska föremålen till en låglänt del av åsens nordvästra sida. På en yta av ca 20 kvm har mindre tånge-spetsar samt ytterligare bestämbart flintmaterial (fig. 41) tillvaratagits av olika amatörarkeologer.

Den minsta av de två spetsarna som presenteras nedan har trots sin ringa storlek en tydligt markerad tånge. Dateringen av spetsen har tidi-gare diskuterats varvid det ansågs att föremålet kronologiskt kan place-ras i senpaleolitisk tid (Knarrström & Kärrefors 1997). Bland fynden återfinns också en liten ensidig tvåpolig kärna, en tångeförsedd skrapa med brant retuschering samt ytterligare en tångespets. Kombinationen av föremålen indikerar en tidsmässig placering i slutskedet av den senglaciala perioden.

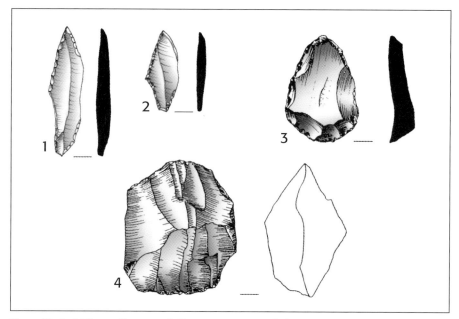

Figur 41. 1–2 Tångepilspetsar. 3 Skrapa. 4 Kärna. Skala 2/3.
Föreslagen datering: Ahrensburgkultur.

Henningebro

Henningebro ligger vid en krök av Rönne å, intill den forna sjöstranden, ca 50 meter från kanten av Ageröd mosse. Boplatsen undersöktes under åren 1947–48 och fyndmaterialet består av såväl mesolitiska som neolitiska föremål (Althin 1954). Lokalen är välkänd bland amatörarkeologer och flintsamlare och i Sven Perssons material finns artefakter som är äldre än de som påträffades vid undersökningen.

Fynden utgörs av fyra spetsar varav en med helretuscherad tånge (fig. 42). Övriga spetsar har partiell tångeretuschering och slagbulan återfinns hos alla fyra exemplaren i basen. Samtliga spetsar har en sned eggretusch. Utseendet påminner om morfologin hos de spetsar som förekommer i det äldre stenåldersmaterialet från Bohuslän.

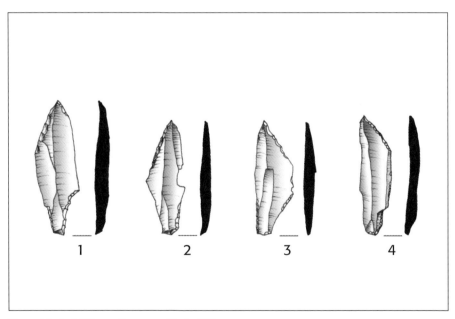

Figur 42. 1–4 Tångepilspetsar. Skala 2/3.
Föreslagen datering: Ahrensburgkultur.

Store Mosse

Tångespetsar av Ahrensburgtyp har påträffats vid Store Mosse i Häglinge socken, norr om Ringsjön i centrala Skåne (fig. 43). Materialet framkom i samband med inventeringsarbeten längs Store Mosse år 1974 (Larsson 1976). Öster om fyndplatsen ligger boplatsen "Rävabacken" som av Althin benämnts Store Mosse II. Denna boplats undersöktes 1949 av LUHM och gav ett i huvudsak mesolitiskt fyndmaterial (Althin 1954). Under senglacial och tidig postglacial tid var Store Mosse en öppen sjö och det var först under tidigatlantisk tid som sjön började att växa igen (Nilsson *et al.* 1979).

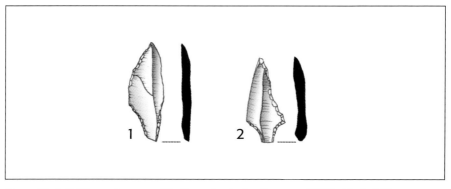

Figur 43. 1–2 Tångepilspetsar (Nr 2 omritad efter Larsson 1976). Skala 2/3.
Föreslagen datering: Ahrensburgkultur

Brommespetsar utan proveniens

I skånska flintmaterial på institutioner, museer och privatsamlingar föreligger säkerligen en mängd ej uppmärksammade föremål som skulle kunna knytas till senpaleolitikum. Projektet "Senpaleolitisk bosättning i Sydsverige" har lyckats få fram ett antal senglaciala fynd (fig. 44), men som ofta är fallet med äldre samlingar, saknas ibland uppgifter om fyndomständigheterna. Det föreligger även flera mycket svårbestämda spetsar som vi valt att inte ta med i denna studie. Exempel på sådana är en atypisk spets påträffad vid Gumlösa cirka 1,5 mil östnordöst om Finjasjön (Carlie 1992) samt två bladformiga spetsar från Eskilstorp och Gässie i sydvästra Skåne (Frostin 1977). Vi har heller inte närmare redovisat fynd och fyndplatser från angränsande landskap som Halland och Småland även om det finns uppgifter om fynd med senpaleolitiska kopplingar (Westergren 1978; Nordqvist 1996). De nedan återgivna spetsarna utan proveniens är trots allt viktiga som representanter för Skånes äldsta stenålder (fig. 44). Föremålen utgör ett belysande exempel på vad som kan förväntas vid genomgångar av äldre samlingar på skolor, hembygdsföreningar och lantbruk.

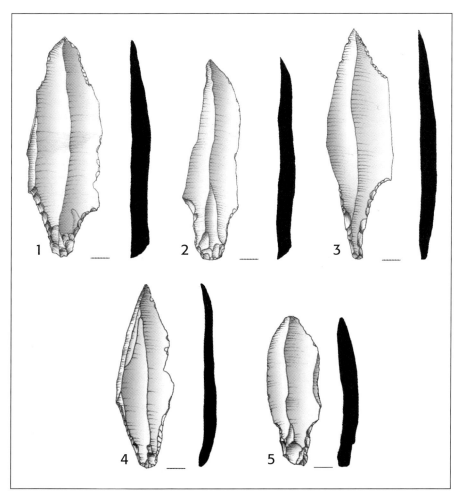

Figur 44. 1–5 Tångepilspetsar. Skala 2/3. Föreslagen datering: Brommekultur

Sammanfattning över de skånska fyndlokalerna

Fyndlokal	Kulturgrupp	Topografiskt läge
Segebro 1	Bromme	Sandig förhöjning vid sjö/vattendrag
Segebro 2	Hamburg/Bromme	Sjö/vattendrag
Segebro 3	Bromme/Ahrensburg	Sjö/vattendrag
Hindby, djursjukhuset	Bromme	Sandig förhöjning vid sjö/vattendrag
Mölleröd	Hamburg/Bromme	Sandig förhöjning vid sjö/vattendrag
Vångamossen	Bromme	Sandig förhöjning vid sjö/vattendrag
Finjakärr och Finjamaden	Bromme/Ahrensburg	Sandig förhöjning vid sjö/vattendrag
Hovdala	Hamburg	Sjö/vattendrag
Ullsala	Bromme	Sjö/vattendrag
Sörby	Bromme	?
Tågerupsnäset	Bromme/Ahrensburg	Tunneldal vid vattendrag
Häljarp	Bromme	Sandig förhöjning vid sjö/vattendrag
Tågerups Gods	Bromme	Sjö/vattendrag
Glumslöv	Hamburg	Markant höjd
Fjälkinge	Bromme	Kanaliserande terräng
Algustorp	Bromme	Sjö/vattendrag
Annavälla	Bromme	Tunneldal
Ystadområdet	Bromme	?
Harlösa	Bromme	Sjö/vattendrag
Marieberg	Bromme	Höjdsträckning
Fågelsång	Bromme	Tunneldal vid vattendrag
Karlsro	Bromme	Förhöjning vid sjö/vattendrag
Öbacken	Ahrensburg	Sandig förhöjning vid sjö/vattendrag
Rönneholm	Bromme/Ahrensburg	Sjö/vattendrag
Ageröd	Ahrensburg	Sjö/vattendrag
Henninge bro	Ahrensburg	Sjö/vattendrag
Store Mosse	Ahrensburg	Sjö/vattendrag

Tabell 2. Skånska senpaleolitiska fyndlokaler och deras topografiska läge.

I det genomgångna materialet dominerar Brommekulturens artefakter. Detta är en bild som i stort överensstämmer med situationen i Danmark. Det är också en påfallande stor del av de senpaleolitiska fyndplatserna (88%) som är direkt lokaliserade till sjöar och/eller vattendrag. De fyndlokaler som inte ligger i anslutning till vatten har framför allt lokaliserats till markanta höjder eller tunneldalar. I en del fall har lägen valts där båda dessa miljösituationer föreligger.

Valet av ett boplatsläge i anslutning till vatten är naturligt och tjänar sannolikt flera olika syften. Vattendragen bör ha fungerat som viktiga kommunikations- och transportleder, samtidigt som försörjningen av färskvatten tillgodosetts. Miljöerna kring sjöar och vattendrag erbjöd dessutom varierade biotoper med möjlighet att utnyttja flera olika ekologiska nischer. Höjdlägen, framför allt vid tunneldalarna, har sannolikt fungerat som jaktplatser och utsiktspunkter. I ett subarktiskt landskap har renhjordarnas migrationsstråk sannolikt följt lågliggande och förhållandevis lättpasserade dalgångar. När djurflockarna trängdes samman i den kanaliserande terrängen kunde de relativt enkelt nedgöras av väntande jägare (Vang Petersen & Johansen 1993, 1994).

En utförligare diskussion som behandlar de olika senpaleolitiska kulturernas ekonomiska och sociala organisation ur ett nordvästeuropeiskt perspektiv presenteras i kommande kapitel.

SENPALEOLITISKA KULTURER I LJUSET AV DE SKÅNSKA FYNDEN

Hamburgkultur

Utbredning

De människor som tillhörde Hamburgkulturen befolkade ett arktiskt tundra- och parktundralandskap under Bölling. Artefakter som anses typiska för Hamburgkulturen är kända från stora delar av Nordväst-europa (fig. 45) - norra Polen, Tyskland, Nederländerna, Belgien och Sydskandinavien (Schild 1984; Burdukiewicz 1986; Fischer 1991). En av anledningarna till att vi finner en ackumulering av renjägare i tidigare obebodda delar av norra Europa, kan vara att renen här var större än i Centraleuropa och således gav högre avkastning per nedlagt djur (jfr. Weinstock 1997).

Materiell kultur

Hamburgkulturen identifieras huvudsakligen genom en handfull led-artefakter där den viktigaste föremålsformen är en smäcker tångespets, s.k. "kerbspitze", vars namn syftar på spetsens utformning (fig. 46). Den klassiska Hamburgspetsen har två retuscherade delar, oftast placerade längs spånets ena sida. Tånge- eller basretuschen gör från distaländen en kraftig sväng som slutar i en närmast 90° vinkel ut från spetsens längd-riktning. Därefter följer ett obearbetat skärande parti av spånets ursprung-liga egg. Högre upp återkommer retuschen i en sned vinkel vid själva spetsdelen. Projektilens andra sida har ofta lämnats helt obearbetad. I Danmark har olika atypiska varianter noterats på flera fyndlokaler, bl.a. Sølbjergboplatsen på Lolland. Dessa spetsar kan ha retusch både på dor-

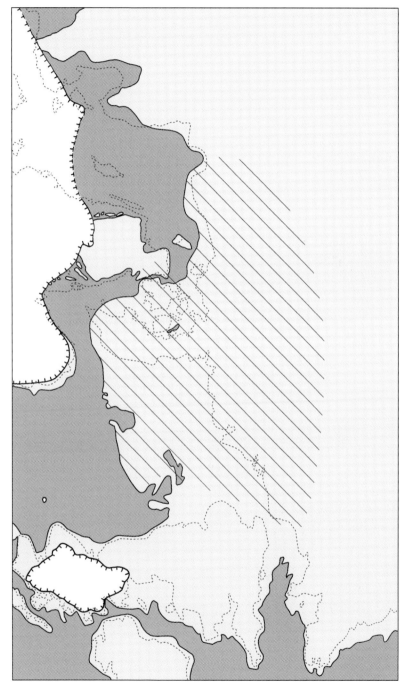

Figur 45. Hamburgkulturens ungefärliga utbredningsområde samt relationen mellan land och vatten.

sal- och lateralsidan samt varierande former av tångeretuschering (Holm & Rieck 1992; Vang Petersen 1993). Det finns relativt samtida grupper inom den nordvästeuropeiska kulturkretsen vars spetsinventarium regelmässigt dyker upp på boplatser som existerat i tiden kring kronozonen Bölling. Det är framför allt spetsar av s.k. "Havelte-" och "Gravettetyp" (Burdukiewicz 1986; Holm & Rieck 1992; Stapert 1997). En annan, mer svåridentifierad ledartefakt är stora ensidiga tvåpoliga kärnor (fig. 46). Dessa är problematiska att datera som solitära fynd med anledning av

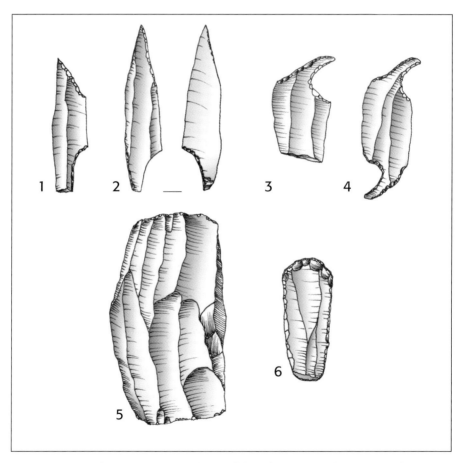

Figur 46. Föremål som anses utgöra ledartefakter för Hamburgkultur. 1 Kerbspitze (äldre fas). 2 Spånpilspets av Haveltetyp (yngre fas). 3–4 Zinken. 5 Ensidig tvåpolig kärna. 6 Skrapa. Skala 2/3.

att de lätt kan förväxlas med liknande kärntyper som förekommer under Maglemosekultur (Vang Petersen 1993). Till skillnad från Brommekulturens spånteknologi, har flintsmederna under Hamburgkultur lagt ned mer arbete på kärnpreparering. Experiment visar att denna process innehåller flera steg där de först slagna grövre spånen utnyttjats för tillverkning av zinken, medan de efterföljande mindre spånen vidarebearbetats till spetsar (Madsen 1992). En annan viktig markör för närvaro av Hamburgkultur är krumborrar av zinkentyp (fig. 46). De förekommer ofta rikligt på boplatser i både Holland, Tyskland och Danmark och får i kombination med de ovan beskrivna tångespetsarna betraktas som säkert daterande för perioden.

Ekonomi

Hamburgkulturens fyndlokaler i Nordvästeuropa har oftast påträffats vid höga punkter i terrängen, invid avsmalnande dalar och sjöar. En förklaring till detta läge är att man härifrån har inväntat de säsongvis vandrande renarna (Burdukiewicz 1986). Etnografiska studier av nordamerikanska eskimåer och indianer har visat att det i stort sett förekommer tre metoder för att jaga ren; genom att driva renarna mot artificiellt uppbyggda avspärrningar, drevjakt mot i geografin naturligt förekommande avspärrningar samt s.k. smygjakt. Drevjakten, mot såväl artificiella som naturliga avspärrningar, innebär att ett kollektiv av jägare samarbetar genom att några av dem intar positioner bakom flocken. Djuren drivs sedan mot de jägare som, beväpnade med pilbågar och spjut, ligger gömda längre fram i terrängen (Riches 1982). Kollektiv drevjakt förekommer vanligen när bytesdjuren uppträder i flock (Driver 1990) medan smygjakt innebär att jägaren dolt försöker komma inom skotthåll på renen. Denna jaktform genomförs av en eller ett par av jägare och är speciellt tillämplig när renarna förekommer spridda vid sitt sommarbete (Riches 1982).

Hamburgkulturens ekonomi antas till största delen ha varit organiserad kring renjakten. Bosättningar anlades på platser med god utsikt, gärna i närheten av trånga pass där migrerande renar tvingades samman i täta formationer. Kanaliserande terräng i form av tunneldalar, pass och sammanstrålande vattendrag betydde att chanserna för en lyckad jakt ökade (Rust 1937, 1943, 1972; Taute 1968; Clark 1975; Sturdy 1975; Bokelmann 1979; Burdukiewicz 1986; Holm & Rieck 1992; Fischer 1993).

Det är dock endast i Nordtyskland, vid Meiendorf, Steellmoor och Poggenwisch vid Ahrensburgdalen som det finns ett fullgott organiskt material för faktabaserade tolkningar angående Hamburgkulturens jaktbyten. På dessa platser består det osteologiska materialet till över 90% av ren (Burdukiewicz 1986).

Det kan nog inte ifrågasättas att boplatserna vid Ahrensburgdalen var läger för renjägare och att deras position i terrängen avspeglar jaktmöjligheterna. Under den senglaciala perioden bestod dalen av en serie små, grunda sjöar. Ahrensburgdalen utgjorde förmodligen en av renarnas centrala migrationszoner och uppenbarligen har renarna nedgjorts då de i flock skulle passera någon av sjöarna under framför allt vår- och höstförflyttningarna. Analyser av benmaterialet från Meiendorf tyder på att fångstmetoden har varit drevjakt och viss smygjakt. Fynd av nära nog kompletta skelett från Ahrensburgdalens boplatser kan indikera att ett visst överskott tagits tillvara och lagrats (Grønnow 1987; Bokelmann 1991). En del djurkroppar har sänkts i vattnet genom att stenar placerats i magregionen, ett förhållande som Rust själv tolkade som rituellt betingat (Rust 1943).

Det finns markanta boplatskoncentrationer från Hamburgkultur i anslutning till tunneldalarna vid Ahrensburg och Deimern i Nordtyskland. Då flertalet platser ligger inom några kilometers inbördes avstånd från varandra, finns det möjligheter att närmare belysa bosättningsmönstren. Större platser med blandad redskapssammanssättning och mycket flintavfall kan tolkas som basläger, medan flera mindre fyndlokaler med få spår av flintbearbetning kan tolkas som platser för specialiserad verksamhet. Det är naturligtvis svårt att få säkra belägg för platsernas samtidighet. Burdukiewicz har studerat fyndlokalerna och genom komparativa studier av flintmaterialen försökt få fram belägg för samtidighet. Han menar att materialet mellan en del av platserna är så likartat i sin sammansättning att ett komplext bosättningssystem kan anas. De platser som uppvisade störst inbördes likhet låg dessutom närmast varandra (Burdukiewicz 1986).

Gemensamma nämnare i redskapsammansättningar kan ha olika betydelse, men trots detta finns det tecken på en bosättnings- och försörjningsstrategi påminnande om *collecting*. Ett stort antal lägerplatser, samlade inom ett begränsat geografiskt område, tyder på ett komplicerat bosättningssystem vid Ahrensburg- och Deimerdalarna. Den ojämna spridningen av naturresurserna under vinterhalvåret tvingade fram en fokusering på renjakt och kanske lagrades kött för framtida bruk. Man kan också vända på resonemanget och hävda fördelarna med att man under delar av året kunde producera mycket stora överskott för kommande bruk.

Detta ger naturligtvis endast en ensartad bild av Hamburgkulturens samhälle (jfr. Bratlund 1996). Som tidigare nämnts, är det få eskimågrupper som baserar sin totala försörjning på renjakt under hela året. Det är ingen tvekan om att storleken på ett djur, och den energivinst som görs i förhållande till vad det kostar att nedgöra det, har stor betydelse i valet av byte. Även om renen är lättjagad kan dess produkter ändå inte ur ett näringsfysiologiskt perspektiv ensamt ha utgjort hela näringsintaget. Människan tål nämligen dåligt en föda där proteininnehållet utgör mer än 50% av summan för protein, fett och kolhydrater (Speth 1991). Det finns exempel på dieter i vegetationsfattiga arktiska miljöer där man för att erhålla ett tillskott av icke proteininnehållande kalorier konsumerar det delvis smälta innehållet i renmagarna eller innanmätet i fåglar (Eidlitz 1969). Den tillgängliga vegetabiliska födan på den nordvästeuropeiska tundran/parktundran - olika örter och rötter - bör av denna anledning inneburit ett betydelsefullt tillskott av kolhydrater för Hamburgkulturens befolkning (Speth 1991).

En vanlig teori är att lägren vid Ahrensburgdalen var befolkade under vinterhalvåret medan man under sommaren splittrades upp i mindre grupper och följde renen åt väster eller söder, t.ex. till Nederländerna där ett flertal Hamburgboplatser påträffats (Bokelmann 1979). Det finns dock inga belägg för att människorna tillhörande Hamburgkulturen ägnat sig åt renjakt året om. En lika plausibel hypotes är att en del grupper istället valt att bege sig norrut, åtminstone under Hamburgkulturens senare skede.

Så här långt har tre Hamburgboplatser undersökts i Danmark, Jels, Sølbjerg och Slotseng. Materialet från dessa domineras av den s.k. Haveltegruppen, med kopplingar till yngre Hamburgkultur. På platserna återfanns också Federmesser- och Gravettespetsar (Holm & Rieck 1983, 1987, 1992; Holm 1993; Vang Petersen & Johansen 1993). Det är fortfarande oklart om den äldsta Hamburgkulturen finns representerad i Danmark även om några få ströfynd har rapporterats, bl.a. en kerbspitze från Bjerlev (Becker 1971).

Hamburgkulturens eventuella förekomst i Skåne har varit svår att med säkerhet fastställa. I flera fall har senpaleolitiska fyndplatser i Skåne kunnat knytas till markanta höjder i landskapet och det är möjligt att Hamburgkulturen finns representerad på en del av dessa platser. Några enstaka fynd, t.ex. tångepilspetsen vid Glumslöv och zinkenmaterialen från Finja och Segebro 2, indikerar att grupper kan ha tagit sig över sundet med båtar, eller under vinterhalvåret vandrat över isen och befolkat även sydligaste Sverige. Det föreligger också ett pilspetsfynd från Viskandalen i Halland som morfologiskt har stora likheter med Hamburgkulturens spetsar (Nordqvist 1996).

Avsaknaden av sydskandinaviska boplatser med organiskt material från denna period gör det omöjligt att i detalj bedöma befolkningens ekonomiska mönster. Viktiga ledtrådar utgör naturligtvis platsernas placering i landskapet. Flera av fyndlokalerna i Sydskandinavien är, precis som i övriga Nordvästeuropa, belägna högt i terrängen invid avsmalnande pass, t.ex. vid Jels och Slotseng på Jylland och Glumslöv i Skåne. Uppenbart är att grupper av Hamburgkulturens jägare och samlare har koloniserat Danmark och sannolikt även Skåne under slutet av Bölling och möjligen tidigaste Alleröd. Kanske är det en befolkning som endast tillfälligtvis vistats inom dessa områden för att, på samma sätt som vid Ahrensburgdalen, bedriva jakt på migrerande ren. Det kan också förhålla sig så, att en grupp kolonisatörer mer permanent bosatt sig i Sydskandinavien för att utnyttja de "nya" resurser som området erbjöd. Eventuellt kan närheten till kustlandskapet ha varit en bidragande orsak till att man flyttade norrut. Det vore märkligt om man inte redan omkring 12 000 BP drog fördel av de marina resurserna. Det finns många etnografiska belägg för att havets rikedomar sällan lämnas outnyttjade.

Eskimågrupper, vars årliga mobila mönster innefattar även kustområdena, t.ex. Kivalinaquiut i Alaska eller Patliquiut vid Hudson Bay, har under sommarmånaderna nästan helt ägnat sig åt havsjakt (Clark 1975).

Social organisation

Vi har naturligtvis bara erhållit en glimt av de sociala förhållandena under Hamburgkultur. De flesta fyndlokalerna innehåller endast flintredskap i koncentrationer av en storlek som tyder på upphåll för en kärn- eller multifamiljs storlek (Clark 1975; Burdukiewicz 1986; Holm & Rieck 1992). De olika bosättningskoncentrationerna vid Ahrensburgdalen visar antagligen på att flera multifamiljer säsongvis samlats i större läger. Den främsta orsaken tycks ha varit av ekonomisk art. Samtidigt som man samlades för den kollektiva drevjakten på ren, bör man även ha uppfyllt andra samhälleliga basbehov som exempelvis informationsutbyte, handel, giftermålskontakter och religiösa ceremonier.

Att dra slutsatser om kultur- eller grupptillhörighet utifrån enstaka artefakter bör påkalla en viss försiktighet. Den materiella kulturen är inte bara en återspegling av ekologisk anpassning eller samhällspolitisk organisation. Den kan också ha använts för att kamouflera såväl som återge de rådande samhällsförhållandena. Öppet rivaliserande grupper kan ha utnyttjat sin materiella kultur för att betona skillnaderna, medan en etnisk grupp som önskar använda en annan grupps resurser, försöker tona ner dessa skillnader (Hodder 1982; Trigger 1993).

En studie av Sangrupper i Kalahari visar att pilspetsar kan användas som ett uttryck för grupptillhörighet. Även om inte jägar-samlarbefolkningen själva gör denna indelning, så kan vi på socialantropologisk basis tillmäta spetsarna sociala, ekonomiska, politiska och symboliska betydelser. Exempel på detta är prestigejakter på storvilt där individens eller gruppens projektiler är av central betydelse och tjänar som symboler för samhörighet och en vilja att stärka de socialekonomiska banden (Wiessner 1983). Ett liknande s.k. öppet system kan skönjas inom Hamburgkulturen. Befolkningen har rört sig över stora områden och samarbetet mellan olika grupperingar tycks ha varit regelmässigt. Det ska noteras att Ahrensburgdalen under den senglaciala perioden var en inlandsboplats, 30–40 mil från kusten och det kan inte uteslutas att samma grupper som jagade ren i Ahrensburgdalen under andra delar av året befann sig vid kusten och utnyttjade marina resurser. En annan möjlighet är att två olika grupper - en sydskandinavisk och en nordtysk - befolkade kust respektive inland. Det kan ha rått ett dualistiskt förhållande mellan grupperna, vilka ändå kompletterat varandra i ett ömsesidigt beroende genom exempelvis handel- och giftermålskontakter. Tyvärr ligger större delen av den dåtida kustremsan under vatten vilket tillsammans med avsaknaden av ^{13}C-analyser förhindrar en verifiering av denna modell.

Hamburgkulturens territorieindelningar och gruppindelningar kan förknippas med en stor frihet att förflytta sig över vida områden. Kanske har det inte ens existerat några klara territoriegränser under detta skede av senpaleolitikum. Slutna grupper och det s.k. vi-dem begreppet kan ha varit mindre uttalat och det har säkert varit möjligt för individer och familjer att byta gruppidentitet om de så önskade (Andersson 1996). Denna struktur känner vi igen från den tidigare diskussionen kring eskimåsamhällenas sociala organisation.

Denna fria territoriella ideologi kan vara en förklaring till koloniseringsprocessen då det i Hamburgkulturens samhällsorganisation bör ha funnits en inneboende frihet och kanske en önskan att vilja kolonisera nya landskap. Om människorna inte enbart var beroende av renhjordarna utan också utnyttjade andra resurser, kan inte enbart förekomsten av ren pekas ut som skälet till att befolka nya landområden. De grupper som först kom till Sydskandinavien hade, som tidigare nämnts, möjlighet att utnyttja de marina resurserna.

Brommekultur

Utbredning

Brommekulturen dateras till Alleröd samt eventuellt till den tidigaste delen av Yngre Dryas. Kulturens utbredningsområde begränsar sig i stort sett till Sydskandinavien, d.v.s. Danmark och Skåne, som låg inom det dåvarande björkskogsbältet (fig. 47). På boplatser i Bohuslän finns flera exempel på grovt tillhuggna tångepilspetsar av Lyngbytyp, men övrigt litiskt material med kopplingar till Bromme saknas.

Över 100 fyndlokaler från Brommekulturen är kända inom danskt område varav de flesta ligger på Själland (Johansson 1998). I denna studie redovisas 21 skånska fyndplatser. Säkra fynd från den sydligare Federmesserkulturen saknas ännu i Skåne.

Materiell kultur

Det är en vedertagen uppfattning att Brommekulturens avslag och spån tillverkats genom direkt tillslagning med knacksten (Fischer 1990; Madsen 1996). Flintteknologin kan tyckas något grov, men enkelheten i arbetsprocessen innebär inte per automatik att flintsmederna var oskickliga (Johansen 1997). Snarare bör den teknologiska nivån betraktas som ett rationellt svar på ett specifikt behov. Behovet kan ha varit kraftiga verktyg för att exploatera en viss naturmiljö eller också avspeglas helt enkelt ett tidsekonomiskt fördelaktigt sätt att utnyttja ett överflöd av råmaterial. Dessutom domineras Brommekulturen av tre mycket enkla föremålsformer, nämligen skrapor, spetsar och sticklar vilka i sitt utförande inte krävt några avancerade kärnor eller komplicerad teknologi (fig. 48).

Boplatsmaterial från Brommekultur ger ibland intryck av direkt slösaktighet, kanske ett resultat av att befolkningen under denna tidsperiod ofta var pionjärer i landskapet och först till kvarn att utnyttja flintrikedomen i exponerade kalklager och moräner. Ett spektakulärt fynd, eller snarare en tolkning, gjordes efter en paleobotanisk analys av en grop efter flintgruvsundersökningarna i Ängdala utanför Malmö. Både dateringar och biostratigrafiska resultat gav vid handen att gropen (schakt

Figur 47. Brommekulturens ungefärliga utbredningsområde samt relationen mellan land och vatten.

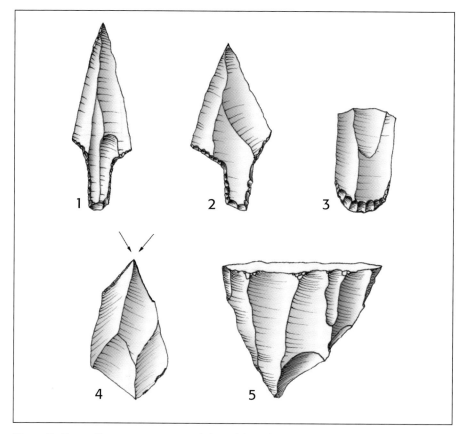

Figur 48. Föremål som anses utgöra ledartefakter för Brommekultur.
1 Grov tångepilspets. 2 Bred tångepilspets av Lyngbytyp. 3 Spånskrapa med branta
eggretuscher. 4 Stickel (särskilt mittsticklar). 5 Enkel plattformskärna. Skala 2/3.

1:89) stått öppen under senglacial tid. Detta ledde till slutsatsen att
nedgrävningen representerade den äldsta exploateringen av flintföre-
komsten i Ängdala (Gaillard & Lemdahl 1993).

Flertalet påträffade kärnor från Brommekultur består av enkla
plattformskärnor med en lutning av 80–90° (Johansen 1997). Kärnornas
flata plattformar har åstadkommits genom att ett block kluvits med ett
slag. Sedan höggs en front ren från krusta varefter avspaltningar, i syfte
att tillverka spån, påbörjades. Kärnkanterna rensades och preparerades

regelbundet med en sten och ibland fräschades kärnan upp genom att hela plattformen slogs bort (fig. 49).

Ett belysande exempel på den tidigare nämnda slösaktigheten är återsammansättningen av en Brommespånkärna från Trollesgaveboplatsen på Själland. Den lyckade återsammansättningen visade att bara två spån, eller omräknat i vikt, 1,5% av ursprungskärnan tagits med från slagplatsen. Kvar lämnades ett flertal avspaltade flintor som egentligen var väl ägnade för vidarbearbetning till sticklar och skrapor. Av totalt 25 000 tillvaratagna flintor från boplatsen, var endast 60 stycken vidarbearbetade till verktyg (Fischer 1990, 1993). En liknande slutsats kan dras av materialet från boplatsen Segebro 1. Där finns mängder av spån som inte heller dessa bär spår av utnyttjande eller retuscheringar.

Brommekulturens verktygsinventarium och spetsar karaktäriseras genom sin relativt grova utformning. Särskilt spetsarnas ibland ansenliga storlek har givit upphov till tveksamhet om dessa egentligen har kunnat användas som projektiltoppar till pilar avskjutna med båge. Skjutexperiment med nytillverkade Brommespetsar och efterföljande jämförelser med frakureringsmönster på förhistoriska exemplar visar dock att de med största sannolikhet utnyttjats vid bågjakt (Fischer 1985). Grovleken på bl.a. spetsarna kan snarare förklaras genom den tidigare nämnda uppfattningen att all flintbearbetning skett med knacksten. För övrigt föreligger liknande grova spetsar i många fyndsammanhang även utanför Brommekulturens utbredningsområde, exempelvis i Magdaleniens slutfas samt på senpaleolitiska boplatser i England (jfr. Piel-Desruisseaux 1998; Bergman & Barton 1986).

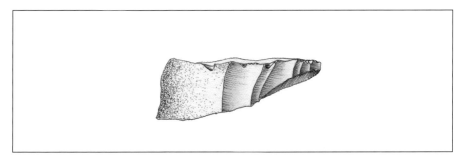

Figur 49. Kärnuppfriskningsavslag från boplatsen Segebro 1. Skala 2/3.

För att närmare studera utnyttjandet av olika impaktorer utförde vi på Segebromaterialet en översiktlig analys av framför allt spånens plattformar. Analysen bygger på erfarenheter och slutsatser från experimentella studier av plattformsdiagnostik där olika impaktorer prövats på plattformskärnor med likartat utseende. De applicerade metoderna i experimentet var direkt slag med knacksten, direkt slag med hornklubba och indirekt teknik med mellanstycken av horn. Plattformsmorfologin jämfördes sedan och ett flertal utmärkande drag kan kombineras för att nå den sannolikaste bedömningen av vilken impaktortyp som spaltat avslaget (Knarrström & Wrentner 1996). Bo Madsens omsorgsfulla experimentella studie (1992) kring dansk senpaleolitisk flintteknologi tycks visa att Brommekulturens flintsmeder enbart har använt sig av hårda och mjuka knackstenar.

Olika hårdhet på knackstenarna ger dock varierande typer av plattformar och mjuka stenarter, exempelvis kalk- eller sandstenar kan generera spår som lätt förväxlas med andra impaktorer. Det är därför inte uteslutet att Brommematerial kan dölja spån som faktiskt tillverkats med mellanstycken av horn i indirekt teknik. Dessa s.k. punsar av horn kan ha tillverkats av stammen på renhorn där den hårdare rosenkransdelen slipats till och utnyttjats som anläggningsyta. Utseendet på en sådan puns avviker från exemplar kända från mesolitiska och neolitiska sammanhang. Flintsmeder i de senare förhistoriska perioderna utnyttjade normalt lätt böjda horntaggar, framför allt de hårdare ögontaggarna från kronhjortskronor. Dessa mellanstycken är smäckra och anläggningspunkten är liten. Plattformarna blir små och är enkla att identifiera när denna typ av puns använts vid t.ex. spåntillverkning. Experimentell tillslagning med den kraftigare raka renhornspunsen ger dock ett annorlunda utseende på plattformen. Då anläggningsytan blir större och då denna raka impaktor inte fjädrar på samma sätt som horntaggspunsarna, blir plattformarnas utseende mycket lika dem som återfinns på Segebro 1 (fig. 50a-b). För övrigt

Figur 50a (t.h.). 1–5 Spån och deras plattformar från boplatsen Segebro 1. Dorsalsidan på spånens översta del bär spår efter omsorgsfull preparering av kärnkanten. 6–9 Spån framställda experimentellt med hjälp av renhornspuns. Notera likheten mellan plattformarna på Segebrospånen och de nytillverkade exemplaren. Skala 2/3.

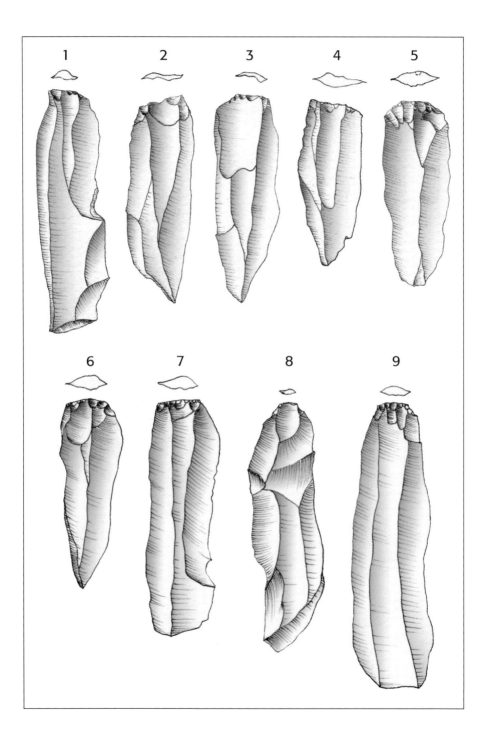

innehöll detta boplatsmaterial inte en enda säkert diagnosticerbar knacksten (Salomonsson 1962). Eftersom lokalen trots allt bestod av en ansenlig mängd slagen flinta, så bör också impaktorerna ha varit fler. Detta kan betyda att impaktorerna har varit av organiskt material som inte bevarats.

En anledning till varför punsar skulle kunna ha utnyttjats är den bättre avspaltningskontroll som den indirekta metoden kan erbjuda. Utkomsten av ett enskilt råmaterial blir större och detta bör ha varit fördelaktigt i kallare perioder då marken har varit snötäckt eller i områden med sämre tillgång på flinta. Det sistnämnda förhållandet skiljer Sydsverige från Danmark. De råmaterialfattiga delarna av norra och östra Skåne kan ha genererat tekniker och flinthuggningstraditioner som helt avviker från den vedertagna bilden.

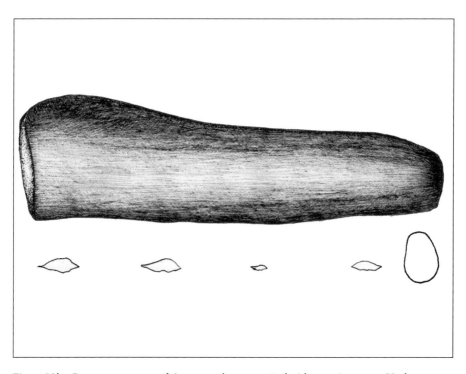

Figur 50b. Puns av stammen från ett renhorn använd vid experimenten. Under punsen återges plattformar från spån samt spetsens stora anläggningsyta. Skala 2/3.

Ekonomi

Utifrån redskapssammanssättningarna på Brommekulturens fyndlokaler i Danmark går det att grovt indela dem i två grupper. Dels de med ett komplett redskapsinventarium och rikliga mängder med flintavfall, dels lokaler där enbart pilspetsarna dominerar. Den första kategorin tolkas som basläger medan den andra har ansetts utgöra speciella jaktstationer. Denna tolkning förstärks genom platsernas topografiska läge i landskapet. Baslägren är placerade invid sjöar och vattendrag. I kontrast till dessa står de platser vilka är belägna högt i landskapet och som domineras av pilspetsar (Fischer 1991).

Det organiska materialet är sällan bevarat på Brommekulturens boplatser. Från lokalerna vid Bromme, Trollesgave och Langå finns dock ett samtida osteologiskt material dokumenterat. Älg dominerar och är tillika den enda art som noterats på alla tre platserna. För övrigt finns bäver, ren, svan, järv, gädda och rådjur. Märgspaltat ben av rådjur eller älg har påträffats vid Trollesgave (Mathiassen 1947, 1948; Fischer & Mortensen 1977; Madsen 1983; Fischer & Nielsen 1987; Andersen 1988; Aaris-Sørensen 1988).

Till största delen utgörs de skånska fynden av enstaka Brommespetsar som visar att bosättningarna i Skåne, precis som i Danmark, ofta påträffas invid vatten samt på markanta höjder i landskapet (se tabell 2). Det arkeologiska materialet och paleoekologiska undersökningar tyder på att man under Brommekulturen levt i skogsliknande miljöer och utnyttjat de resurser som fanns där. Situationen i södra Skandinavien under Weichselglacialens slutskede saknar direkta moderna analogier. För det första måste befolkningstrycket varit ovanligt lågt i jämförelse med områdets resurser. För det andra var naturmiljön betydligt rikare än i de områden där nutida jägare och samlare levt (Fischer 1991).

Etnografiska studier av dessa moderna jägar-samlarsamhällen har dock visat att det finns en positiv korrelation mellan arktisk miljö och människans ökande beroende och konsumtion av kött (Keesing 1981; Gamble 1986). I varmare klimatförhållanden, som under Alleröd, har de flesta större djur ett mindre fettlager än under kallare perioder. Detta kan ha inneburit en generell nedgång av de fettämnen som varit begärliga för människan. Ett sätt att motverka detta var kanske att i högre grad än tidigare fokusera på de mest kolhydrat- och fettrika resurserna (Speth 1991). Det vore därför förvånande om människan under Brommekulturen inte utnyttjat den ökande mängden av vegetabilisk föda som fanns disponibel under Alleröd (Andersson 1996). Dessutom kan man ha fångat bäver, sjöfåglar och fisk, d.v.s. mindre djur men med rikliga fettlager.

Hjortdjur och diverse småvilt utgjorde således viktiga och relativt stabila näringsresurser. En jungfruelig och öppen björkskog med områden av sumpmarker och små sjöar bildade en idealisk miljö för speciellt älgen. Denna föredrar att beta av löv, knoppar, kvistar och bark från träd som björk och föder sig dessutom på vattenbaserade växter. Älgen lever ensam eller i små familjegrupper och jagas lämpligast genom individuella jakttekniker som smygjakt eller med fällor.

Vår kunskap om fisket under senglacial tid är mycket begränsad. Fynd av gädda på en av Brommeboplatserna i Danmark indikerar dock att fisket bör ha bidragit till näringsfånget. De flesta av de skånska fyndlokalerna med Brommematerial är dessutom, som redan poängterats, belägna på förhöjningar av sand eller sandhaltig jord i anslutning till sjöar och vattendrag. Valet av dessa boplatslägen styrker tanken på ett flerdimensionellt utnyttjande av naturmiljön och stödjer exempelvis teorin om fisket betydelse. Jakt av fåglar som sökt sig till sjöarna och vattendragen, och inte minst insamlingen av deras ägg, har säkert också inneburit ett välkommet tillskott i födoanskaffandet. Ett möjligt belägg för detta är fynd av svanben på en dansk Brommelokal.

Renjakten bör sannolikt tillskrivas stor betydelse för hela senpaleolitikum i Skåne och det går inte att bortse från att ett en del lokaler t.ex. vid Saxådalen, Finjasjöområdet, Fågelsång, Fjälkinge och Annavälla skulle kunna ha varit lämpliga för just detta. Med största sannolikhet levde renar fortfarande kvar i Sydskandinavien under Alleröd och var en av flera resurser som utnyttjades. Sammantaget kan det konstateras att befolkningen under Brommekulturen utifrån sina boplatser hade tillgång till ett flertal varierande näringar. De var definitivt inte beroende av endast en eller ett fåtal resurser för sin överlevnad utan kombinerade olika nischer i näringssystemet. Deras ekonomiska organisation påminner i detta avseende till stor del om den mesolitiska livsstilen i Sydskandinavien. Födoanskaffningen under Brommekultur har företrädesvis bedrivits i skogs-liknande miljöer. Den jämna geografiska spridningen av resurser exploa-terades av mindre familjegrupper som från basläger troligen företog dags-utflykter för att samla vegetabilier och bedriva jakt. Denna ekonomiska organisation kan ges beteckningen *foraging*.

Social organisation

Baslägrens storlek och rumsliga organisation formar den största källan till att förstå den sociala strukturen. De undersökta Brommelokalerna visar en spridning av flintföremål inom en yta av ca 50 kvm, ofta med en härdrest i centrum (Fischer 1991). Detta bör återspegla ett hushåll bestå-ende av en kärnfamilj och förhållandet har direkta paralleller i etnografiskt beskrivna jägar-samlarsamhällen. Det saknas dock konkreta spår efter bebyggelse, men bostäder var naturligtvis en förutsättning för att fångstbefolkningarnas familjer skulle överleva i ett subarktiskt klimat. Vi kan bara gissa oss till utseendet på hydd- eller huskonstruktionerna, men en socialantropologisk jämförelse ger en vink om möjliga konstruktions-detaljer och inre rumslig organisation. Utgångspunkten är att kärnfamiljen är den enhet som bebor en hydda. Av näringsekonomiska orsaker bör boendet i ett basläger under Brommekultur ha varit av semipermanent karaktär och hyddorna byggda för att stå längre perioder. Det är uppen-bart att en bärande inre konstruktion måste ha tillverkats i trä, medan materialen till tak- och väggbeklädning kan ha varierat. Organisations-modellen över Brommekulturens sociala indelning och ekonomi matchar beskrivningen av Agmalikgruppen i Nunamiutsamhället, norra Kanada. De senare utnyttjade förr olika typer av skyl beroende på verksamhet och sammansättning på gruppen, men familjeenheterna residerade oftast i fast anlagda bostäder av högre kvalitet och komfort. Grövre pålar bar upp ramverk av flätat vide vilket sedan täcktes av block med frusen mossa eller torv. Inne i hyddan iordningställdes en härd samt en eller flera sitt- och liggplatser. Längst in förvarades på en hylla födoämnen, framförallt kött (Ingstad 1954). Det kan förmodas att hyddor liknande dessa upp-fördes på de platser där Brommekulturens befolkningen i Skåne upprät-tade sina basläger (fig. 51).

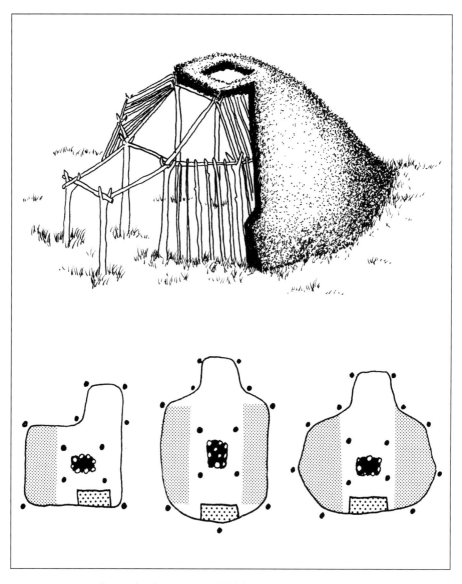

Figur 51. Konstruktionsdetaljer av Agmalikfolkets äldre torvhyddor.
I genomskärning ses bärande stolpar och vidjeflätverket under torvtäckningen. De tre hyddkonstruktioner som återges i plan, visar också den rumsliga inre organisationen av boendet. Längs väggen ligger sov- och sittplatser (grå skraffering) och i mitten ligger en härd omgiven av bärande stolpar. Längst in ses hyllor för förvaring av livsmedel (prickade). Hyddorna antas ha haft en boendeyta på ca 15–20 kvm (omarbetning efter Ingstad 1954).

Brommekulturen skiljer sig från Hamburgkulturen genom sitt betydligt mindre utbredningsområde och en enklare flintteknologi. Vid en närmare granskning av flintmaterialet kan man dessutom ana skillnader mellan olika grupperingar inom Brommekulturens utbredningsområde. De fynd av Kristianstadsflinta som påträffats invid Finjasjön och Fjälkinge skulle kunna tolkas som en nordöstlig variant av Bromme. Söder om Sydskandinavien, och med en viss geografisk överlappning, finner vi Federmesserkulturen. I stora drag är flintteknologin även inom denna kultur ganska enkel med få redskapkategorier. Den typiska pilspetsen är slank ryggretuscherad spets utan tånge. Det föreligger dock distinkta skillnader mellan Bromme i norr och Federmesser i söder och vi ser inom Brommekulturen en begränsad geografisk utbredning med tendenser till lokala grupperingar inom kärnområdet.

I kontrast till Hamburgkulturen skulle man för Brommekulturens del kunna prata om ett mer slutet samhällssystem. Det kan ha funnits en starkare uttalad territoriell känsla, där man levt inom mera tydligt avgränsade områden och där mobiliteten har varit mindre. Lokalgruppens identitet kan ha varit stark och möjligen uttrycks detta i Brommekulturens geografiskt specifika flintinventarium. Då den kollektiva jakten av de stora renhjordarna avtog i betydelse, och ersattes av mindre jaktgrupper i skogsmiljö, var det inte längre lika viktigt att av säkerhetsekonomiska orsaker upprätthålla ett omfattande kontaktnät (jfr. Jochim 1998). Benägenheten att "byta" gruppidentitet minskade och ersattes av en starkare betoning på vi-dem begreppet. Skälet för större sammankomster kan ha begränsats till sociala och religiösa ceremonier som inte haft någon ekonomisk betydelse.

Det finns dock ännu inga belägg i materialet för större läger där man samlats för att bedriva utbyte av varor, giftermål o.s.v. men denna bild ger inte hela sanningen om hur man levde under denna tid. Som tidigare påpekats kan en kärn- eller multifamilj inte klara sig utan kontakter och även om de fungerat som självförsörjande enheter, kvarstod naturligtvis basbehoven av socialt utbyte. Problemet är återigen att vi inte har tillgång till den dåtida kustlinjen där de större boplatserna troligen låg. En större folkmängd på samma plats kan, liksom under mesolitisk tid, ha dragit nytta av de stabila marina resurserna som medgivit försörjning av flera familjegrupper under längre perioder.

Ahrensburgkultur

Utbredning

Ahrensburgkulturen omfattade liksom Hamburgkulturen ett stort utbredningsområde (fig. 52). Artefakter med kopplingar till Ahrensburgkultur har i stort antal påträffats mellan Oder och Nordsjön samt på ett mindre antal platser i Sydskandinavien (Taute 1968; Fischer 1993; Larsson 1996). Endast en skandinavisk lokal med renodlat Ahrensburgmaterial, Sølbjerg i Danmark, har blivit föremål för en arkeologisk undersökning (Vang Petersen & Johansen 1993). Det finns, i en obruten kedja från England till Baltikum och västra Ryssland, spetsmaterial som på typologiska grunder kan kopplas till Ahrensburgkultur (Barton & Froom 1986; Zagorska 1996; Zhilin 1996; Barton 1997). Längs Sveriges nordligare västkust samt längs Norges kuster föreligger fynd som indikerar en nordlig expansion under övergången från senglacial till postglacial tid (Alin 1955; Bang Andersen 1996; Cullberg 1996). Det föreligger dock endast enstaka fynd i Skåne som kan relateras till Ahrensburgbosättningar (Larsson 1991a). I de flesta fall rör det sig om hornhackor och grovtandade harpuner, men även flintmaterial kan göras gällande (Knarrström 1999, i tryck).

Ahrensburgbefolkningen kan antas ha varit mycket mobil och deras förmodade exploatering av marina resurser i västra Skandinavien (Schmitt 1995; Kindgren 1996) implicerar sjöburna transporter. Det kalla men näringsrika havet under Yngre Dryas innebar således inte ett hinder, utan tvärtom en möjlighet att snabbt expandera längs skandinaviska halvöns västra kust. Skåne är omgivet av spår från rörliga och expanderande grupper med kopplingar till Ahrensburgkretsen, men av någon anledning präglas perioden här av en ologisk fyndfattigdom. I de förmodat tidigmesolitiska Hensbackamaterialen i Västsverige har det visat sig att platskontinuiteten och likheter i artefaktsammansättningar mellan senpaleolitiska och mesolitiska industrier varit det största problemet att reda ut. Med stor sannolikhet är detta problem direkt överförbart till Skåne. Lång platskontinuitet och stora likheter i den efterföljande tidigmesolitiska näringsstrategin och materiella kulturen har försvårat försöken till närmare kronologiska bestämningar.

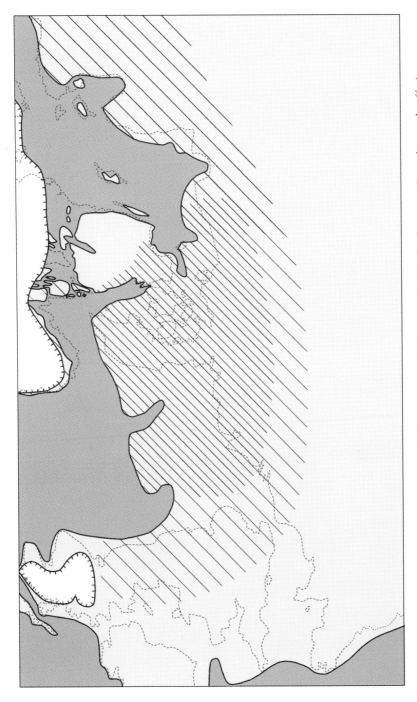

Figur 52. Ahrensburgkulturens ungefärliga utbredning samt relationen mellan land och vatten. Den glesare skrafferingen anger Ahrensburgkulturens randområde.

Materiell kultur

Ahrensburgkulturens ledartefakter är svårare att diagnosticera än exempelvis Hamburg- och Brommekulturens karaktäristiska föremål. Ahrensburggruppens stora utbredningsområde kan av kulturella skäl ha genererat flera olika separata flinthuggningstraditioner som ibland är svåra att sammanlänka. Delar av befolkningen uppehöll sig också i skandinaviska regioner där tillgången på råmaterial varierat högst betydligt. På sådana platser bör snarast flintteknologin avspegla en adaption till rådande förhållanden på bekostnad av den traditionella morfologin. Den vida geografiska spridningen kan också kopplas till utnyttjande av varierande ekologiska nischer, där framställandet av vapen och verktyg specialiserats. Dock är inte ens avgränsbara boplatsmaterial från kontinentala Ahrensburglokaler helt homogena i sin sammansättning och det kan föreligga stor variabilitet i exempelvis utformningen av pilspetsar. Denna diagnostiska problematik kan, i kombination med utvecklandet av nordliga flinthuggningstraditioner, vara en av orsakerna till att så få direkt komparativa fynd från Ahrensburgkultur föreligger i Skåne.

Den ledartefakt som främst omtalas i nordvästeuropeiska sammanhang är en liten tångespets med en ensidig snedretusch upp mot spetsen (fig. 53).

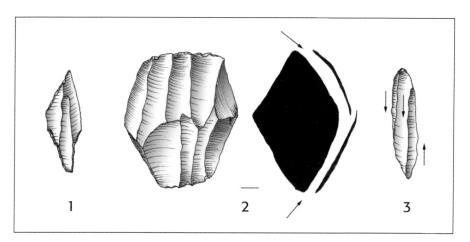

Figur 53. Föremål som anses utgöra ledartefakter i Ahrensburgkultur. 1 Ahrensburgspets. 2 Ensidig tvåpolig kärna. 3 Spån som via studier av slagärren på dorsalsidan kan härledas till ensidiga tvåpoliga kärnor. Skala 2/3.

Det anses att ett bra kriterium för Ahrensburgspetsarna är om slagbuleänden är orienterad upp mot själva spetsen. Givetvis har det på senare år framkommit undantag även från denna regel. Det danska spetsmaterialet har till huvuddelen slagbulan orienterad nedåt mot tången (Vang Petersen 1993). På svenska västkusten föreligger förhållandevis många fynd av tångepilspetsar och på fyndlokalerna Samneröd, Tosskärr, Tureborg och eponymboplatsen Hensbacka i Bohuslän finns exemplar som tveklöst kan kopplas till senpaleolitikum (jfr. Fredsjö 1953; Alin 1955). Pilspetsarna har tillverkats av spån som i de flesta fall härrör från ensidiga tvåpoliga kärnor. Fyndkombinationer av sådana kärnor med tillhörande spån och tångespetsar anses numera i Bohuslän vara karaktäristiska för den sena paleolitiska kustkulturen (Nordqvist 1997). Som redovisats i detta arbete förekommer även likartade fyndkombinationer i skånska material varför den ensidiga tvåpoliga kärnan bör diskuteras närmare (fig. 53). Spånen från kärntypens branta plattformar har haft en fördel om syftet varit att tillverka tunnare och lättare spetsar än vad som var fallet under Brommekultur. Där blir ingen nämnvärd rest kvar av plattformen och tjockleken på slagbulan minskar radikalt. Spetsämnet får på detta vis från början en relativt jämn tjocklek från proximal- till distaländen. Spånen slås i direkt teknik med knacksten eller med en klubba av älg-, hjort- eller renhorn. Utkomsten av en ensidig tvåpolig kärna måste anses ha varit större än för Brommekulturens grova plattformskärnor, och avspeglar på så sätt ett mer hushållande råmaterialutnyttjande.

De skånska fynd som i föreliggande arbete daterats till Ahrensburgkultur härrör i de flesta fall från boplatsmiljöer som förknippas med tidigmesolitiska material. De mesolitiska fynden utgör mer än 90% av all slagen flinta och detta dränker nästan helt inslaget av de fåtaliga äldre föremålen. Dessutom föreligger lokalt sannolikt en tämligen unilinjär teknologisk tradition in i tidigmesolitikum, som delvis suddar ut möjligheterna att göra säkra bestämningar av fler artefakter. Vad vi hittills funnit, är dock att det finns otvetydiga tångepilspetsar på flera skånska boplatskomplex från äldre stenålder. De skånska Ahrensburgspetsarna har, liksom som sina danska motsvarigheter, i de flesta fall slagbulan orienterad mot tångedelen. På några platser förekommer spetsar i kombination med ensidiga tvåpoliga kärnor och skrapor med tånge eller brant eggretuschering. Ensidiga tvåpoliga kärnor anses utgöra en ledartefakt för Ahrensburgkultur i Danmark och den äldre Hensbackakulturen i Västsverige. De har även redovisats som ingående i redskapsinventariet från äldre Maglemosekultur, men exempelvis i norra Skånes omfattande bosättningar från just denna period saknas de helt (Karsten & Knarrström 1996, 1998). Kombinationen av ensidiga tvåpoliga kärnor och små tångespetsar på samma boplatser gör det därför än mer sannolikt att det föreligger en koppling till senpaleolitikums slutskede.

Förutom fynd av senpaleolitiska flintartefakter har ett stort antal renfynd gjorts i skånska sjöar och s.k. dödishålor. I de flesta fall utgörs fynden av horn. Dock har endast ett fåtal renhornsredskap påträffats, där renhornsyxan från Harlösa redan har omnämnts. I samband med projektet "Senpaleolitisk bosättning i Sydsverige" utfördes ^{14}C-dateringar på några artefakter av ben och horn som antogs härröra från senglacial tid (Larsson 1996). En renhornsyxa från Mickelsmossen i Munkarps socken, centrala Skåne har givit en datering till 10 980±110 BP (Hedges *et al.* 1995). Ytterligare ett par fynd av renhornsyxor av Lyngbytyp har gjorts

Figur 54. 1–3 Sydskandinaviska renhornshackor (Nr 1 från Danmark, omarbetad efter Johansen 1997. Nr 2–3 från Skåne, omarbetade efter Larsson 1976 och Althin *et al.* 1949). Ej i skala.

i Sydvästskåne i Bara socken (Larsson 1996), samt i Ö. Vemmerlövs socken, sydöstra Skåne (Althin *et al.* 1949). Flera av de i Skandinavien påträffade renhornshackorna har genom naturvetenskapliga dateringar visat sig tillhöra slutskedet av senglacial tid (fig. 54). Tillsammans med harpunspetsar framställda av älg-, ren-, eller hjortben utgör dessa artefakter några av de fåtaliga Skandinaviska exemplen på Ahrensburg-kulturens varierade materiella kultur (jfr. Andersen 1988) (fig. 55).

Figur 55. 1–9 Senglaciala eller tidigt postglaciala harpunspetsar från Sydskandinavien (Nr 1–7 från Danmark, omarbetade efter Johansen 1997. Nr 8-9 från Skåne, omarbetade efter Montelius 1917). Ej i skala.

Ekonomi

Precis som inom Hamburgkulturen förekommer många av Ahrensburg-
kulturens fyndlokaler i koncentrationer, inte minst kring Ahrensburgdalen
(Taute 1968). Det är också här som det bäst bevarade organiska källma-
terialet finns och det visar sig att renen dominerar till över 90 % (Schild
1984). Boplatskoncentrationerna och det osteologiska källmaterialet kan
tolkas som att många grupper samlats i regionen för att bedriva kollek-
tiv jakt (Grønnow 1987). Bosättningsmönstren verkar vara likartade med
komplexa system av basläger och specialläger.

Ahrensburgdalen låg under Yngre Dryas i norra randområdet av den
centraleuropeiska skogsregionen. Skogsbältet utvidgades från söder längs
floden Elbe men ännu längre norrut fanns det endast isolerade björkar
på tundran (Bokelmann 1991). Det är därför inte riktigt att uteslutande
betrakta Ahrensburgbefolkningen som tundraanpassade jägare. I den
mycket specifika miljön bestående av tundra, parktundra och t.o.m. björk-
skog fanns möjligheter till mycket varierade fångster inom kulturens
exploateringsområde.

Ett försök att vidga tolkningen av Ahrensburgkulturens ekonomi kan
utgå från de andra arterna än ren som påträffades i det organiska mate-
rialet från Stellmoor. Det nedlagda jaktviltet bestod även av älg och vild-
svin, alltså djur som förknippas med busk- och skogsterräng, men också
av häst och stäppvisent, d.v.s. djur som är typiska för den öppna slätten.
Dessutom jagades räv och hare vilka inte kan kopplas samman med nå-
gon specifik biotop. De två grottboplatserna Remouchamps (Belgien) och
Hohlen Stein (Westfalen) som är belägna lite längre söderut, har en än
mer varierad fauna. Renen dominerar visserligen, men betydligt mindre
än i norr och detta förhållande antyder en flexibel jaktstrategi (Schild
1984). Dessutom kan fiske, fågeljakt och insamling av växtföda förut-
sättas ha varit rikt givande i den vattenrika mosaikartade miljön under
Yngre Dryastiden. Det finns således tecken som tyder på en kombinerad
foraging och *collecting* strategi under olika delar av året.

Det har funnits flera förklaringsmodeller till varför Ahrensburgkulturen
har varit underrepresenterad i skånska stenåldersmaterial. En anledning
kan ha varit att det helt enkelt inte funnits människor i Skånes inland,

beroende på att perioden Yngre Dryas varit extremt kall. En annan anledning kan ha varit att inlandets biotop inte varit tillräckligt attraktiv för kräsna säl- och renjägare. Det första argumentet, att kylan helt tvingat bort människorna, stämmer inte med demografihistorien i det paleolitiska Europa. Människor har hela tiden stannat kvar på kontinenten, även under de kallaste perioderna. Paralleller kan även göras till det extrema klimatet i Arktis, som inte förhindrat mänsklig existens under flera tusen år (jfr. Fagan 1992). Under den kyligare delen av senpaleolitikum finns bl.a. Ahrensburgkulturen representerad i extrema inlandslägen i norra Tyskland och Danmark samt längs skandinaviska halvöns västra kust. Närheten till Nordsjön samt en eventuell golfström har förvisso givit något högre medeltemperatur, men klimatet i havsnära miljöer karaktäriseras också av högre luftfuktighet och blåst som knappast givit fördelaktigare levnadsvillkor än i inlandet.

Avseende diskussionen om olika utnyttjandegrad av biotoper, så visar senare studier på att de senpaleolitiska fångstsamhällena exploaterat flera nischer som inte involverat exempelvis ren eller säl (jfr. Eriksen 1991, 1996; Andersson 1992; Fischer 1993; Andersson & Knarrström 1997). Även om klimatomsvängningarna ändrade resursernas karaktär, bör fortfarande de stora skånska vattensystemen ha utgjort rika biotoper som legat öppna för exploatering. Alla större djur försvann heller inte under köldtopparna i Yngre Dryas. Älgen, som etablerar sig Sydskandinavien under Alleröd, lever fortfarande kvar även i den allra kallaste sekvensen (Aaris-Sørensen 1988). Fanns älgen kvar bör även varg, järv, diverse fåglar och andra särskilt köldtåliga djurarter ha kunnat existera. Som en slutsats av diskussionen ovan, finner vi att de få spåren av människor i Skåne mot slutet av senpaleolitkum svårligen kan förklaras genom klimatologiska orsaker eller med total avsaknad av exploaterbara naturresurser.

Social organisation

De förhållandevis små boplatsytorna inom Ahrensburgkulturen antyder precis som hos Hamburg- och Brommekulturen, att människorna levt i kärn- eller multifamiljer. Sannolikt har man rört sig över stora områden, kanske på säsongsbasis, mellan kust och inland. Trots skillnader i närings-strategin skulle redskapssammansättningarna enligt denna modell, bli kompatibel platserna emellan. En annan förklaringsmodell som också skulle kunna belysa de morfologiska likheterna över mycket stora geografiska ytor, liknar i stort vad som diskuterats för Hamburgkulturens vidkommande. Det kan ha rört sig om olika sammanhållna grupper som befolkat inland respektive kust, men som ändå haft nära kontakter. Troligen ligger sanningen någonstans mitt emellan dessa båda modeller. Ahrensburgkulturen utbredning och anpassningar till en mängd varierande nischer bör självfallet ha lett till utvecklandet av lokalspecifika födostrategier, traditioner och kanske separatism. Då vi trots detta kan igenkänna en gemensam stil, exempelvis i det nordvästeuropeiska spetsmaterialet, antyds att befolkningarna bevarade ett gemensamt kulturarv som kanske fick näring genom kontaktytor med andra fångstgrupper. Den territoriella medvetenheten och gruppideologin har därför sannolikt präglats av ett öppet system där den överregionala identiteten var stark, medan den egna gruppens gränser var mer diffus. Ett sådant flexibelt samhällssystem understödjer långväga transporter och spridningen av innovationer. Exempel på dåtida transporter över stora avstånd är förekomsten av polsk flinta (s.k. chocolate-coloured flint) på en lokal i Holland ca 1000 km från ursprungskällan (Schild 1984). Att kunna färdas förhållandevis säkert över stora land- eller havsområden har varit en förutsättning för fångstbefolkningnas mobila levnadssätt. Kanske är det i själva verket samhällsystemet som sådant, som genererat koloniseringsvågor långt upp i tidigare obebodda ishavsregioner.

BILDEN AV DE SENPALEOLITISKA
SAMHÄLLENA I SKÅNE

Det är orimligt att uteslutande betrakta de senpaleolitiska befolkningarna som renjägare. Det senglaciala skånska landskapet erbjöd periodvis artrika miljöer som gav stora valmöjligheter. Befolkningstätheten var extremt låg vilket innebar minimal konkurrens. Det var naturligtvis inte så att människorna vandrade omkring i ett paradis och plockade mat ur ett välfyllt skafferi, men de var inte heller reducerade till att viljelöst styras av miljöförutsättningarna. Förmodligen var de betydligt mindre avhängiga klimatet än kommande bondesamhällen. Adaptiva och flexibla bosättnings- och försörjningsstrategier garanterade samhällets fortbestånd på lång sikt, även då naturens förutsättningar ändrades. Det arkeologiska materialet från Nordvästeuropas senpaleolitiska tid antyder att befolkningen levde i små enheter, uppburna av kärnfamiljen och denna organisationsform tycks ha varit konstant över hela den senglaciala perioden.

Vi finner en likartad utveckling under Hamburg- och Ahrensburgkultur där den socialekonomiska strukturen kan beskrivas som mycket liberal. Ett öppet samhällssystem har uppenbarligen möjliggjort förflyttningar över stora områden och resulterat i en individuell frihet att röra sig mellan olika grupper. Det finns i skånska material bevis på närvaro av Hamburgkultur och fyndplatserna passar väl in i bilden av bosättningsmönstret för övriga Nordeuropa. Vi anser det dock fullt realistiskt att fyndplatserna i Skåne också kan sättas in i en ekonomisk modell där fångst av marinlevande däggdjur stått i centrum. Exempelvis har Segebro 2 och Glumslöv legat nära havssundet mellan Danmark och sydvästra Sverige. Höjderna kring Glumslöv kan lika gärna representera en utsiktspost inför val- och sälfångst, som för jakt på vandrande renhjordar. Vi vet att jakten på fettrika resurser prioriteras i arktiska och subarktiska miljöer. Dessa resurser existerade i de senglaciala havsmiljöerna och det vore ologiskt om inte också den yngre Hamburgkulturens adaptiva och flexibla fångstsamhällen utnyttjat möjligheterna. Kanske är det så att kulturkretsen varit uppdelad i två större grupper som befolkat kust respektive inland?

Brommekulturen är den grupp som finns rikligast företrädd i skånska material. Även om det finns paralleller i flintmaterial från olika hörn av Nordvästeuropa, så betraktas Bromme som en till Sydskandinavien geografiskt avgränsbar kulturkrets. Utvecklandet av regionala flinthuggningstraditioner och egna föremålsformer markerar tydligt att man fjärmade sig från det äldre öppna samhällssystemet. De varierade biotoperna under Alleröd skapade förutsättningar för bredspektrumekonomier och en fast boende befolkning i Skåne hade inte längre behovet att av ekonomiska skäl upprätthålla de vidsträckta gamla kontaktnäten. De stora kollektiva renjakternas tid var förbi och sammankomsterna begränsades troligen till att enbart vara av social karaktär. Följden blev ett mer slutet samhällssystem där grupptillhörigheten var stark och territoriegränserna tydligare. En sådan social struktur kan ha verkat hämmande för en expansion och vi vet att Brommekulturen troligen inte nådde längre norrut än till södra Småland. En viktig aspekt är den eventuella uppkomsten av lokala variationer i den materiella kulturen. Vi jämför oftast med danska Brommematerial, men i exempelvis Finja och Fjälkinge finns både avvikande typologi och utnyttjande av lokala råmaterial. Av denna anledning måste större flintteknologiska variationer accepteras och detta förhållande gäller inte bara för Brommekulturens flintinventarium.

I samband med klimatförsämringen under Yngre Dryas återgår troligen befolkningen i Nordvästeuropa till ett mer öppet samhällssystem. Nödvändigheten av att tillförsäkra sig de omgivande gruppernas ekonomiska stöd ökade. I en miljö där resurserna blev alltmer utspridda krävdes dessutom ett ökat flöde av information mellan fångstgrupperna. Likriktningen i bl.a. pilspetsinventariet och Ahrensburgkulturens stora geografiska utbredning visar på en omvälvande förändring under den senglaciala epokens slutskede. Den kollektiva jakten återupptas och de under Brommekulturen existerande territoriegränserna bryts säkerligen ned. Den nya mentaliteten medverkade sannolikt till att grupper av människor vågade bege sig till tidigare obebodda landområden och miljöer. Expansionsvågen nådde långt upp längs den skandinaviska halvöns västra kust där ekonomierna helt koncentrerades på havets resurser. Vid sjö-arna i Skånes inland fortsatte fisket och jakten på diverse vilt, en eko-nomi som inte nämnvärt skiljer sig från den tidigmesolitiska närings-strategin. Faktum är att flertalet av de i denna studie redovisade Ahrensburgfynden påträffats i anslutning till just Maglemoseboplatser.

REFERENSER

Aaris-Sørensen, K. 1988. *Danmarks Forhistoriske Dyreverden. Fra Istid til Vikingetid.* København.

Alin, J. 1955. *Förteckning över stenåldersboplatser i norra Bohuslän.* Göteborgs och Bohusläns fornminnesförening. Göteborg.

Althin, C. A. 1954. *The Chronology of the Stone Age Settlement of Scania, Sweden. 1. The Mesolithic Settlement.* Acta Archaeologica Lundensia. Series in 4°, N°1.

Althin, C. A., Brorsson Christensen, B. & Berlin, H. 1949. Renfyndet från Nebbe Mosse och Sveriges senglaciala bebyggelse. *MLUHM* 1950.

Andersen, S. H. 1988. A Survey of the Late Palaeolithic of Denmark and Southern Sweden. In Otte, M. (ed.). *De la Loire à l'Oder. Les civilisations du Paléolithique final dans le nord-ouest européen.* British Archaeological Reports. Oxford.

Andersson, M. 1992. Senpaleolitiska bosättnings- och försörjningsstrategier i Nordväst-europa. Stencil. Arkeologiska Institutionen. Lunds Universitet.

- 1996. Group Identification at the Transition from Late Palaeolithic to the Early Mesolithic. *Archaeologia Polona vol. 34:1996.*

Andersson, M. & Knarrström, B. 1997. Pionjärer i Västskåne - senpaleolitiska fynd längs Västkustbanan. *Ale. Historisk tidskrift för Skåne, Halland och Blekinge. 1997/2.*

- 1998. Plats 7A:1 - Ett mesolitiskt boplatskomplex vid sammanflödet Braån-Saxån. I Svensson, M. & Karsten, P. (red.). *Skåne Malmöhus Län, Järnvägen Västkustbanan. Avsnittet Landskrona-Kävlinge. 1996-1997. Arkeologisk förundersökning. Vol. 2. Riksantikvarieämbetet Arkeologiska Undersökningar.* UV Syd Rapport 1997:83.

Anthony, D. W. 1990. Migration in Archaeology: The Baby and the bathwater. *American Anthropologist 4.*

Aspeborg, H. 1999. *Västkustbanan 3:4 - en boplats från yngre bronsålder vid Hilleshög. Skåne, Skåne län, Järnvägen Västkustbanan. Delen Helsingborg-Kävlinge. Avsnittet Helsingborg-Landskrona (Block 1-2). Arkeologisk undersökning VKB 3:4. Härslöv socken, Hilleshög 25:1. Riksantikvarieämbetet Lund.* Rapport UV Syd 1998:4.

Balikci, A. 1964. The Development of Basic Socio-Economic Units in two Eskimo Communities. *National Museum of Canada, Bulletin 202.*

Bang-Andersen, S. 1996. The Colonization of Southwest Norway. An Ecological Approach. In Larsson, L. (ed.). *The Earliest Settlement of Scandinavia - and its relationship with neighbouring areas*. Acta Archaeologica Lundensia. Series in 8°, N° 24.

Barton, N. 1997. *Book of Stone Age Britain*. B. T. Batsford/English Heritage. London.

Barton, R. N. E. & Froom, F. R. 1986. The Long Blade Assamblage from Avington VI, Berkshire. In Collcutt, S. N. (ed.). *The Palaeolithic of Britain and its Nearest Neighbours: Recent Trends*. University of Sheffield. Huddersfield.

Becker, C. J. 1971. Late Palaeolithic Finds from Denmark. *Proceedings of the Prehistoric Society 37*.

Bell, M. & Walker, M. J. C. 1992. *Late Quaternary Environmental Change. Physical & Human Perspectives*. New York.

Bender, B. 1978. Gatherer-hunter to farmer: a social perspective. *World Archaeology 10*.

Bengtsson, J. R. 1991. *Rapport från seminariegrävningen 1991-09-04 - 09-16 å Mölleröd i Hässleholms kommun*. Arkivmaterial, Lunds Universitets Historiska Museum.

Berglund, B. E., Håkansson, S. & Lagerlund, E. 1976. Radiocarbondated mammoth (Mammuthus primigenius Blumenbach) finds from South Sweden. *Boreas 5*.

Bergman, C. A. & Barton, R. N. E. 1986. The Upper Palaeolithic Site of Hengistbury Head, Dorset. In Collcutt, S. N. (ed.). *The Palaeolithic of Britain and its Nearest Neighbours: Recent Trends*. University of Sheffield. Huddersfield.

Binford, L. R. 1978. *Nunamiut Ethnoarchaeology*. Academic Press. New York.

- 1980. Willow smoke and dog´s tails: hunter-gatherer settlement systems and archaeological site formation. *American Antiquity 45*.

- 1982. The Archaeology of Place. *Journal of Anthropological Archaeology 1*.

Birks, H. J. B. 1986. Late-Quaternary biotic changes in terrestrial and lacustrine environments, with particular reference to north-west Europe. In Berglund, B. E. (ed.). *Handbook of Holocene Palaeoecology and Palaeohydrology*.

Björck, S. 1995. A Rewiev of the History of the Baltic Sea, 13.0-8.0 ka BP. *Quaternary International* vol 27.

- 1996. Late Weichselian/Early Preboreal Development of the Öresund Strait; a Key Area for northerly Mammal Immigration. In Larsson, L. (ed.). *The Earliest Settlement of Scandinavia - and its relationship with neighbouring areas*. Acta Archaeologica Lundensia. Series in 8°, N° 24.

Björck, S. & Digerfeldt, G. 1991. Allerød-Younger Dryas sea level changes in south-western Sweden and their relation to the Baltic Ice Lake development. *Boreas* 20.

Björck, S., Ekström, J., Iregren, E., Larsson, L. & Liljegren, R. 1994. Reindeer, and palaeoecological and paleogeographic changes in South Scandinavia during late-glacial and early post-glacial times. Paleogeographic Changes, Climate History, Vegetation Development, and Archaeologic Setting 13 000-9 500 14C Years BP in the Danish/Swedish Region. *Arkæologiske Rapporter fra Esbjerg Museum.*

Björck, S. & Möller, P. 1987. Late Weichselian environmental history in southeastern Sweden during the deglaciation of the Scandinavian Ice Sheet. *Quaternary Research* 28.

Bokelmann, K. 1979. Rentierjäger am Gletscherrand in Schleswig-Holstein? Ein Diskussionbeitrag zur Erforschung der Hamburger kultur. *Offa* 36.

- 1991. Some new thoughts on old date on humans and reindeer in the Ahrensburgian Tunnel Valley in Schleswig-Holstein, Germany. In Barton, N., Roberts, A. J. & Roe, D. A. (eds.). *The Late Glacial in north-west Europe: Human adaption and environmental change at the end of the Pleistocene.* C B A Research Report No 77. The Alden Press Ltd, Oxford.

Bratlund, B. 1996. Archaeozoological Comments on Final Palaeolithic Frontiers in South Scandinavia. In Larsson, L. (ed.). *The Earliest Settlement of Scandinavia - and its relationship with neighbouring areas.* Acta Archaeologica Lundensia. Series in 8°, N° 24.

Broadbent, N. 1979. *Coastal resources and settlement stability. A critical study of a Mesolithic site complex in Northern Sweden.* Aun 3. Societas Archaeologica Upsaliensis.

Burdukiewicz, J. M. 1986. *The Late Pleistocene Shouldered Point Assemblages in Western Europe.* Leiden.

Callahan, E. 1987. *An Evaluation of the Lithic Technology in Middle Sweden During the Mesolithic and Neolithic.* Aun 8. Societas Archaeologica Upsaliensis.

Carlie, L. 1992. Stenåldersboplatser utmed ett nordskånskt åsystem. *Västra Göinge Hembygdförenings Skriftserie XL.*

- 1993. Renjägare vid Finjasjön. *Västra Göinge Hembygdförenings Skriftserie XLI.*

Carlie, A. & Carlie, L. 1986. Nyupptäckta stenåldersboplatser kring Finjasjön. *Västra Göinge Hembygdförenings Skriftserie XXXI.*

Carlie, L. & Götz, A. 1983. Ett senpaleolitiskt fynd från norra Skåne. *Ale. Historisk tidskrift för Skåne, Halland och Blekinge* 2/1983.

Clark, J. G. D. 1975. *The Earlier Stone Age Settlement of Scandinavia*. Cambridge.

Cullberg, C. 1996. West Sweden: On the Earliest Settlement. In Larsson, L. (ed.). *The Earliest Settlement of Scandinavia - and its relationship with neighbouring areas*. Acta Archaeologica Lundensia. Series in 8°, N° 24.

Dodgshon, R. A. 1987. *The European Past. Social Evolution and Spatial Order*. MacMillan Education L.T.D. London.

Driver, J. C. 1990. Meat in due season: the timing of communal hunts. I Davis, L. B. & Reeves, B. O. K. (eds.). *Hunters of the Recent Past*. Unwin Hyman. London.

Edring, A. 1997. Senpaleolitiska fynd i nordöstra Skåne. *Bulletin för arkeologisk forskning i Sydsverige* 2/1997.

Eidlitz, K. 1969. *Food and emergency food in the circumpolar area*. Studia Ethnographica Uppsaliensia 32.

Enloe, J. G. 1997. Seasonality and Age Structure in Remains of *Rangifer tarandus*: Magdalenian Hunting Strategy at Verberie. In Kokabi, M. & Wahl, J. (eds). Proceedings of the 7th Icaz conference. Konstanz. *Anthropozoologica*. No 25-26.

Eriksen, B. V. 1991. *Change and Continuity in a Prehistoric Hunter-Gather Society: a study of cultural adaption in late glacial- early postglacial southwestern Germany*. Archaeologica Venatora. Band 12.

- 1996. Resource Exploitation, Subsistence Strategies, and Adaptiveness in Late Pleistocene-Early Holocene Northwest Europe. In Eriksen, B. V., Erlandson, J. M., Strauss, L. G. & Yesner, D. R. (eds.). *Humans at the End of the Pleistocene-Holocene Transition*. Plenum Press. New York and London.

Fagan, B. M. 1992. *People of the Earth. An Introduction to World Prehistory*. Seventh Edition. The Lindbriar Corporation. New York.

Farmer, G., Ingram, M. J. & Wigley, T. M. L. 1981. Past climates and their impact on man. *Climate and History: Studies in Past Climates and their impact on Man*. Cambridge University Press.

Fischer, A. 1985. Hunting with Flint-Tipped Arrows: Results and Experiences from Practical Experiments. In Bonsall, C. (ed.). *The Mesolithic in Europe*. Papers presented at the Third International Symposium, Edinburg 1985.

- 1990. A Late Palaeolithic "School" of Flint-Knapping at Trollesgave, Denmark. *Acta Archaeologica* Vol. 60. København.

- 1991. Pioneers in deglaciated landscapes: the expansion and adaption of Late Palaeolithic societies in Sothern Scandinavia. I Barton, N., Roberts, A. J. & Roe, D. A. (eds.). *The Late Glacial in north-west Europe: Human adaption and environmental change at the end of the Pleistocene.* C B A Research Report No 77. The Alden Press Ltd, Oxford.

- 1993. Senpalæolitikum. I Hvass, S. & Storgaard, B. (red.). *Da klinger i Muld. 25 års Arkæologi i Danmark.* København.

Fischer, A., Grønnow, B., Jønsson, J. H., Nielsen, F. O. & Petersen, C. 1979. *Stenalderseksperimenter i Lejre. Bopladsernas indretning.* Working Papers 8. The National Museum of Denmark. København.

Fischer, A., Hansen, P. V. & Rasmussen, P. 1984. Macro and Micro Wear Traces on Lithic Projectile Points. Experimental Results and Prehistoric Examples. *Journal of Danish Archaeology* vol 3.

Fischer, A. & Mortensen, B. A. 1977. Trollesgave-bopladsen. Et eksempel på anvendelse af EDB inden for arkæologien. *Nationalmuseets Arbejdsmark.* København.

Fischer, A. & Nielsen, F. O. S. 1987. Senistidens bopladser ved Bromme. En genbearbejdning af Westerby´s og Mathiassens fund. *Aarbøger for nordisk Oldkyndighed og Historie 1986.*

Fredén, C. 1988. *Marine life and deglaciation chronology of the Väner basin southwestern Sweden.* Sveriges Geologiska Undersökning. Ser. Ca, Nr. 71. Uppsala.

Fredsjö, Å. 1953. *Studier i Västsveriges äldsta stenålder.* Göteborg.

Frostin, E. 1977. *Forntid här hemma. Från Limhamns krokodil till Hököpinge viking.* Oxie Härads Hembygdsförenings Årsbok V-VI. Vellinge.

Gaillard, M-J. & Lemdahl, G. 1993. *Biostratigrafiska undersökningar av flintgruvor vid Ängdala, Skåne – miljö- och klimattolkningar.* Lund.

Gamble, C. 1986. *The Palaeolithic Settlement of Europe.* World Archaeology. Cambridge.

Gob, A. 1991. The Early Postglacial occupation of the southern part of the North Sea Basin. In Barton, N., Roberts, A. J. & Roe, D. A. (eds.). *The Late Glacial in north-west Europe: Human adaption and environmental change at the end of the Pleistocene.* C B A Research Report No 77. The Alden Press Ltd, Oxford.

Grønnow, B. 1987. Meiendorf and Stellmoor Revisited. An Analysis of Late Palaeolithic Reindeer Exploation. *Acta Archaeologica* Vol. 56. København.

Hedges, R. E. M., Housley, R. A., Bronk Ramsey, C. & van Klinken G. J. 1995. Radiocarbon Dates from the Oxford AMS System: Archaeometry Datelist 20. *Archaeometry* 37:2.

Hiscock, P. 1994. Technological Responses to Risk in Holocene Australia. *Journal of World Prehistory 8*.

Hodder, I. 1982. *Symbols in Action: Ethnoarchaeological Studies of Material Culture.* Cambridge.

- 1984. Beyond processual Archaeology. *Perspective on Archaeology and Method. Report Series* No 20.

Holm, J. 1993. Settlements of the Hamburgian and Federmesser Cultures at Slotseng, South Jutland. *Journal of Danish Archaeology* Vol. 10.

- 1996. The Earliest Settlement of Denmark. In Larsson, L. (ed.). *The Earliest Settlement of Scandinavia - and its relationship with neighbouring areas.* Acta Archaeologica Lundensia. Series in 8°, N° 24.

Holm, J. & Rieck, F. 1983. Jels I - The First Danish Site of the Hamburgian Culture. A Preliminary report. *Journal of Danish Archaeology* Vol 2.

- 1987. Die Hamburger Kultur in Dänemark. *Archäologisches Korrespondenzblatt* 17, 2.

- 1992. *Istidsjægere ved Jelssøerne. Hamburgkultur i Danmark.* Skrifter fra museumsrådet for Sønderjyllands amt 5. Haderslev.

Holm, L. 1992. *The Use of Stone and Hunting of Reindeer. A Study of Stone Tool Manufacture and Hunting of Large Mammals in the Central Scandes c. 6000–1 BC.* Archaeology and Environment 12. Department of Archaeology. University of Umeå.

Ingstad, H. 1954. *Nunamiut. Bland Alaskas inlandseskimåer.* Stockholm.

Iversen, J. 1973. *The Development of Denmark´s Nature since the Last Glacial.* Geology of Denmark III. Geological Survey of Denmark. V Series. No. 7-C. København.

Jochim, M. A. 1996. Surprises, Recurring Themes, and New Questions in the Study of the Late Glacial and Early Postglacial. In Eriksen, B. V., Erlandson, J. M., Strauss, L. G. & Yesner, D. R. (eds.). *Humans at the End of the Pleistocene-Holocene Transition.* Plenum Press. New York and London.

- 1998. *A Hunter-Gatherer Landscape. Southwest Germany in the Late Palaeolithic and Mesolithic.* Plenum Press. New York and London.

Johansen, L. 1997. The Late Palaeolithic in Denmark. In Bodu, P., Christensen, M. & Valentin, B. (eds.). L'Europe septentrionale au Tardiglaciaire. Proceedings of a congress held in Nemours (Fr.), May 1997.

Johansson. A.D. 1998. Ældre Stenalder i sydlige Norden. SDA. Elite Tryck A/S. Danmark

Karsten, P. 1996. Delsträcka 6. I Svensson, M. m.fl. Arkeologisk utredning. Skåne, Malmöhus län, Järnvägen Västkustbanan, delen Helsingborg-Kävlinge. RAÄ. Avdelningen för arkeologiska undersökningar. UV Syd Rapport 1996:25.

Karsten, P. & Knarrström, B. 1996. Norra Skåne - ett tidigmesolitiskt centrum? Ale. Historisk tidskrift för Skåne, Halland och Blekinge. 1996/4.

- 1998. Nya stenåldersfynd från norra Skåne – den första kvartsboplatsen. Ale. Historisk tidskrift för Skåne, Halland och Blekinge. 1998/1.

Keesing, R. M. 1975. Kin Groups and Social Structures. Holt, Rinnehart and Winston, inc. New York.

- 1981. Cultural Anthropology. A Contemporary Perspective. Second Edition. Holt, Rinnehart and Winston, inc. New York.

Kelly, R. & Todd, L. 1988. Coming into the Country: Early Paleoindian Hunting and Mobility. American Antiquity 53.

Kindgren, H. 1995. Hensbacka – Hogen – Hornborgarsjön. Early Mesolithic coastal and inland settlements. In Fischer, A. (ed.). Man and Sea in the Mesolithic. Coastal settlement above and below present sea level.Oxbow Monograph 53.

- 1996. Reindeer or seals? Some Palaeolithic sites in central Bohuslän. In Larsson, L. (ed.). The Earliest Settlement of Scandinavia - and its relationship with neighbouring areas. Acta Archaeologica Lundensia. Series in 8°, N° 24.

Knarrström, B. 1996a. Delsträcka 7A. I Svensson, M. m.fl. Arkeologisk utredning. Skåne, Malmöhus län, Järnvägen Västkustbanan, delen Helsingborg-Kävlinge. RAÄ. Avdelningen för arkeologiska undersökningar. UV Syd Rapport 1996:25.

- 1996b. På spåret av Bromme i Saxtorp. Bulletin för arkeologisk forskning i Sydsverige Nr 1/96.

- 1996c. The Outsiders - Cultural Traits of Early Man. A Social Anthropological Perspective. Archaeologia Polona vol. 34:1996.

- 1997. Neolitisk flinteknologi – i ett skånskt randområde. I Karsten, P. (red.). Carpe Scaniam. Axplock ur Skånes förflutna. RAÄ Arkeologiska undersökningar. Skrifter Nr. 22. Lund.

- 1999. *Materialstudier av Skånes äldsta stenålder. Om tiden efter Bromme och tidig-mesolitisk expansion i norra Skåne.* Riksantikvarieämbetets skriftsserie. I tryck.

Knarrström, B. & Kärrefors, D. 1997. Hamburg-, Ahrensburg- eller Maglemosekultur? Om några flintor från Ageröd och deras ursprung. *Bulletin för arkeologisk forskning i Sydsverige* Nr 1/97.

Knarrström, B. & Wrentner, R. 1996. Diagnostik av plattformar. *Bulletin för arkeologisk forskning i Sydsverige* Nr. 2-3/96.

Kolstrup, E. 1991. Palaeoenvironmental developments during the Late Glacial of the Weichselian. In Barton, N., Roberts, A. J. & Roe, D. A. (eds.). *The Late Glacial in north-west Europe: Human adaption and environmental change at the end of the Pleistocene.* C B A Research Report No 77. The Alden Press Ltd, Oxford

Lamb, H. H. 1968. The climatic background to the birth of civilisation. *Advancement of Science,* 25.

Larsson, L. 1976. A mattock-head of reindeer antler from Ageröd, Scania. *MLUHM* 1975–1976.

-1978. *Ageröd I:B – Ageröd I:D. A Study of Early Atlantic Settlement in Scania.* Acta Archaeologica Lundensia. Series in 4°. N° 12.

-1979. Ett renhornsredskap från mellersta Skåne. *Ale. Historisk tidskrift för Skåne, Halland och Blekinge* 1979/4.

-1982. *Segebro. En tidigatlantisk boplats vid Sege ås mynning.* Malmöfynd 4.

-1984. Spår efter Ystadstraktens äldsta invånare. *Ystadiana* Nr 29.

-1986. Renjägare i Skurupstrakten. *Svaneholm* 1986.

-1990. Senpaleolitisk bosättning i Sydsverige: Undersökningar i ett marginalområde. *Genetik och Humaniora 2.* Lund.

-1991a. Late Glacial Environment and Late Palaeolithic Settlement in Southern Sweden. *Laborativ Arkeologi 5.* Arkeologiska Forskningslaboratoriet Stockholms Universitet.

- 1991b. The Late Palaeolithic in southern Sweden: Investigations in a marginal region. In Barton, N., Roberts, A. J. & Roe, D. A. (eds.). *The Late Glacial in north-west Europe: Human adaption and environmental change at the end of the Pleistocene.* C B A Research Report No 77. The Alden Press Ltd, Oxford

- 1994. The Earliest Settlement in Southern Sweden. Late Paleolithic Settlement Remains at Finjasjön, in the North of Scania. *Current Swedish Archaeology,* vol 2.

- 1996. The Colonization of South Sweden during the Deglaciation. In Larsson, L. (ed.). *The Earliest Settlement of Scandinavia - and its relationship with neighbouring areas.* Acta Archaeologica Lundensia. Series in 8°, N° 24.

Lemdahl, G. 1988. Palaeoclimatic and Palaeoecological Studies based upon Subfossil Insects from Late Weichselian sediments in Southern Sweden. *Lundqua Thesis* 22.

Lévi-Strauss, C. 1969. *The Elementary Structures of Kinship.* Eyre & Spottiswoode. London.

Liljegren, R. & Ekström, J. 1996. The Terrestrial Late Glacial Fauna in South Sweden. In Larsson, L. (ed.). *The Earliest Settlement of Scandinavia - and its relationship with neighbouring areas.* Acta Archaeologica Lundensia. Series in 8°, N° 24.

Liljegren, R. & Lagerås, P. 1993. *Från mammutstäpp till kohage. Djurens historia i Sverige.* Lund.

Madsen, B. 1983. New evidence of Late Palaeolithic settlement in East Jutland. *Journal of Danish Archaeology* Vol. 2.

- 1992. Hamburgkulturens flintteknologi i Jels. I Holm, J. & Rieck, F. (red.). *Istidsjægere ved Jelssøerne. Hamburgkultur i Danmark.* Skrifter fra museumsrådet for Sønderjyllands amt 5. Haderslev

- 1996. Late Palaeolithic Cultures of South Scandinavia – Tools, Traditions and Technology. In Larsson, L. (ed.). *The Earliest Settlement of Scandinavia - and its relationship with neighbouring areas.* Acta Archaeologica Lundensia. Series in 8°, N° 24. Lund.

Magnell, O. 1998. Undersökning av osteologiskt material från Hässleberga. Opublicerat manus.

Mathiassen, T. 1947. En senpalæolitisk boplads ved Bromme. *Nationalmuseets Arbejdsmark* 1947. København.

- 1948. En senglacial boplads ved Bromme. *Aarbøger for nordisk Oldkyndighed og Historie* 1946.

Milton, K. 1977. The myth of King Dutthagamani and its social significance. I Stuchlik, M. (ed.). *Goals and Behaviour.* Queen's University Pap. Soc. Anthrop. 2. Queen's University, Belfast.

Montelius, O. 1917. *Minnen från vår forntid. Stenåldern och bronsåldern.* Stockholm.

Mårtensson, J. 1999. Su7. Teknisk Administrativ Rapport. Riksantikvarieämbetet. UV Syd. Lund. I tryck.

Nilsson, T. 1983. *The Pleistocene Geology and Life in the Quaternary Ice Age*. D. Reidel Publishing Company. Dordrecht.

Nilsson, T., Sjøvold, T. & Welinder, S. 1979. The Mesolithic Skeleton From Store Mosse, Scania. *Acta Archaeologica* Vol. 49.

Nordqvist, B. 1996. Senpaleolitiska jägare och fångstmän längs norra och mellersta Hallands kustområden. I Rosengren, E. (red.). *Bilder av halländsk arkeologi – en bok tillägnad Lennart Lundborg*. Halmstad.

- 1997. Västkusten. Regionalitet under mesolitikum. I Larsson, M. & Olsson, E. (red.). *Regionalt och interregionalt. Stenåldersundersökningar i Syd- och Mellansverige*. Riksantikvarieämbetet. Skrifter nr. 23.

Orme, B. 1981. *Anthropology for Archaeologists*. Duckworth. London.

Piel-Desruisseaux, J-L. 1998. *Outils préhistoriques. Formes, fabrication, utilitasion*. Masson. Paris.

Pihl, H. & Sjöström, A. 1994. *Grävningsrapport 1994:1 Arkeologisk undersökning av stenåldersboplatser å Mölleröd 1:65 och Finja 3:36 Finja socken. Skåne*. Lunds Universitet. Historiska Museet.

Reader, J. 1988. *Man on Earth*. Penguin Books. London.

Riches, D. 1982. *Northern Nomadic Hunter-Gatherers. A Humanistic Approach*. Academic Press. New York.

Rust, A. 1937. *Die Altsteinzeitliche Reintierjäger der Eiszeit*. Neumünster.

- 1943. *Die alt- und mittelsteinzeitlichen Funde von Stellmoor*. Neumünster.

- 1958. *Die jungpaläolithischen Zeltanlagen von Ahrensburg*. Offa-bucher. Band 15.

- 1972. *Vor 20 000 Jahren. Reintierjäger der Eiszeit*. Neumünster.

Salomonsson, B. 1960. Vorläufiger Bericht über einen spätglazialen Wohnplatz in Schonen. *MLUHM 1960*.

- 1961. Some Early Mesolithic Artefacts from Scania, Sweden. *MLUHM 1961*.

- 1962. Sveriges äldsta kontakt med Västeuropa. En boplats vid Segebro i Skåne. *Proxima Thule*.

- 1964. Decouverte d'une habitation du tardi-glaciare, Scanie, Suede. *Acta Archaeologica* Vol. 35. København.

Schmitt, L. 1995. The West Swedish Hensbacka: A maritime adaptation and a seasonal expression of the North-Central European Ahrensburgian. In Fischer, A. (ed.). *Man and Sea in the Mesolithic. Coastal settlement above and below present sea level.* Oxbow Monograph 53.

Schild, R. 1984. Terminal Palaeolithic of the North European Plain. A Review of Lost Chances, Potential and Hopes. *Advances in World Archaeology* 3.

Sherratt, A. 1997. Climatic cycles & behavioural revolutions. *Antiquity* 71.

Spencer, R. 1969. The North Alaskan Eskimo: a Study in Ecology and Society. *Bulletin of the Bureau of American Ethnology* 191.

Speth, J. D. 1991. Nutritional constraints and Late Glacial adaptive transformations: the importance of non-protein energy sources. In Barton, N., Roberts, A. J. & Roe, D. A. (eds.). *The Late Glacial in north-west Europe: Human adaption and environmental change at the end of the Pleistocene.* C B A Research Report No 77. The Alden Press Ltd, Oxford.

Stapert, D. 1997. The Late Palaeolithic in the Northern Netherlands. In Bodu, P., Christensen, M. & Valentin, B. (eds.). *L´Europe septentrionale au Tardiglaciaire. Proceedings of a congress held in Nemours (Fr.), May 1997.*

Sturdy, D. A. 1975. Some Reindeer Economies in Prehistoric Europe. In Higgs (ed.). *Palaeoeconomy.* Cambridge.

Sundberg, R. 1995. Litiskt råmaterial och teknologiskt beteende. En analys baserad på kärnyxor inom två skandinaviska områden. Stencil. Arkeologiska institutionen. Göteborgs Universitet.

Taute, W. 1968. *Die Stilspitzen-Gruppen im Nordlichen Mitteleuropa.* Böhlan, Köln.

Trigger, B. G. 1991. Constraint and Freedom - A New Synthesis for Archaeological Explanation. *American Anthropologist* 93.

- 1993. *Arkeologins Idéhistoria.* Stockholm.

Turnbull, C. 1968. The importance of flux in hunting societies. In Lee, R. & DeVore, I. (eds.). *Man the Hunter.* Aldine, Chicago.

Wagner, P. L. 1977. The concept of environmental determinism in cultural evolution. In Reed, C. A (ed.). *Origins of Agriculture.* Mouton, The Hague.

Vang Petersen, P. 1993. *Flint fra Danmarks oldtid.* København.

Vang Petersen, P. & Johansen, L. 1993. Sølbjerg I - An Ahrensburgian Site on a Reindeer Track through Eastern Denmark. *Journal of Danish Archaeology* Vol. 10.

- 1994. Rensdyrjægere ved Sølbjerg på Lolland. *Nationalmuseets Arbejdsmark.* København.

- 1996. Tracking Late Glacial Reindeer Hunters in Eastern Denmark. I Larsson, L. (ed.). *The Earliest Settlement of Scandinavia - and its relationship with neighbouring areas.* Acta Archaeologica Lundensia. Series in 8°, N°24.

Watts, W. A. 1979. Regional variations in the response of vegetation to late glacial climatic events in Europe. In Lowe, J. J., Gray, J. M. & Robinson, J. E. (eds.). *Studies in the Late-Glacial of north-west Europe.*

Weinstock, J. 1997. Late Palaeolithic Reindeer Populations in Central and Western Europé. In Kokabi, M. & Wahl, J. (eds). Proceedings of the 7th Icaz conference. Konstanz. *Anthropozoologica.* No 25-26.

Welinder, S. 1971. *Tidigpostglacialt mesoliticum i Skåne.* Acta Archaeologica Lundensia. Series in 8° . N° 1.

Westergren, E. 1978. Bebyggelseutvecklingen i Göteryds sn, Småland under subboreal tid. Stencil. Arkeologiska institutionen. Lund.

Wiessner, P. 1983. Style and social information in Kalahari San projectile points. *American Antiquity* 48.

Wobst, H. M. 1990. Afterwords: Minitime and megaspace in the Palaeolithic at 18K and otherwise. In Soffer, O. & Gamble, C. (eds.). *The World at 18 000 BP, Vol 1. High Latitudes.* Uniwin Hyman. London.

Zagorska, I. 1996. Late Palaeolithic Finds in the Daugava River Valley. In Larsson, L. (ed.). *The Earliest Settlement of Scandinavia - and its relationship with neighbouring areas.* Acta Archaeologica Lundensia. Series in 8°, N°24.

Zihlin, M. G. 1996. The Western Part of Russia in the Late Palaeolithic – Early Mesolithic. In Larsson, L. (ed.). *The Earliest Settlement of Scandinavia - and its relationship with neighbouring areas.* Acta Archaeologica Lundensia. Series in 8°, N°24.

Muntliga uppgifter

Larsson, L. 1999. Arkeologiska Institutionen, Lund

Liljegren, R. 1999. Paleoekologiska Laboratoriet. Lund.

Svensson, M. 1999. Riksantikvarieämbetet UV Syd. Lund.

Tidigare utgivning i Skriftserien: